늙어감에 대하여

유한성의 철학

Endlichkeitsphilosophisches: Über das Altern

by Odo Marquard

edited by Franz Josef Wetz

늘어감에 대하여 : 유한성의 철학

발행일 초판1쇄 2019년 5월 10일

지은이 오도 마르크바르트

옮긴이 조창오

펴낸이 유재건 • **펴낸곳** (주)그린비출판사 • **주소** 서울 마포구 와우산로 180, 4층

전화 02-702-2717 • **이메일** editor@greenbee.co.kr • **신고번호** 제2017-000094호

ISBN 978-89-7682-492-9 03100

이 도서의 국립중앙도서관 출판예정도서목록(CIP)은 서지정보유통지원시스템 홈페이지(http://seoji.nl.go.
kr)와 국가자료공동목록시스템(http://www.nl.go.kr/kolisnet)에서 이용하실 수 있습니다.(CIP제어번호:
CIP2019014692)

이 책의 한국어판 저작권은 베스툰 코리아 출판 에이전시를 통해 저작권자와의 독점 계약으로 (주)그린비출판
사에 있습니다. 저작권법에 의해 한국 내에서 보호를 받는 저작물이므로 무단전재와 무단복제를 금합니다.

책값은 뒤표지에 있습니다. 잘못 만들어진 책은 서점에서 바꿔 드립니다.

철학이 있는 삶 **그린비출판사** www.greenbee.co.kr

늙어감에 대하여

: 유한성의 철학

오도 마르크바르트 지음 | 조창오 옮김

그린비

목차

편집자 서문

오도 마르크바르트는 세계대전 이후 가장 창의적인 철학자 중 한 명으로서 자신의 "유한성의 철학"으로 현대에 대한 과도한 비판을 거부하면서도 비이성에 대한 이성적 반대를 포기하지 않는다. 정확하고 독특한 언어 때문에 그는 철학계를 넘어 대중에게 널리 알려졌다. 그의 재담, 위트, 농담, 언어유희는 그 출처가 항상 알려지지 않은 채 정치 영역뿐 아니라 대중매체에서도 이미 유행어 수준이 되었다. 마르크바르트는 독특한 문체 때문에 식자층에서 유행어 창안자로 평가받기도 한다. 그럼에도 불구하고 그는 무엇보다 철학자로서 복잡한 연관을 분석하고 가려진 배경을 드러낸다. 말하자면 그는 유쾌한 정신을 가진 진지한 철학자, 자유주의적 관용을 지닌 보수적인 사유가, 균형을 유지하면서도 논란을 불러일으키는 권위자, 즉 현자이다.

사유과정의 단계들

박사논문 『칸트적 관점에서의 회의적 방법』(*Skeptische Methode mit Blick auf Kant*, 1958)에서 이미 마르크바르트는 세계의 기적이 아니라 삶의 상처가 형이상학의 원천이라고 강조한다. 형이상학의 과제는 참된 인식의 발견이 아니라 [삶의 상처를] 치료하는 보상이다. 물론 이러한 기능은 젊은 마르크바르트가 보기에 너무 미약하다. 대체로 형이상학은 형편없는 현실을 대체하는 것으로서, 최고이자 궁극적인 물음에 답하려는 시도 속에서 현실을 왜곡한다.

이후 그의 어조는 완화된다. 형이상학은 자신이 처리할 수 없는 문제와 씨름하는데, 그는 이를 인간적이고 정상적이라 여긴다. 형이상학은 더 이상 현실을 대체하는 것이 아니라 현실의 위치를 변경한다. 즉 형이상학은 현실과의 거리를 벌린다. 이를 통해 삶, 세계와의 거리가 확보되는데, 이 거리가 없다면 인간은 희망 없이 삶에 매몰되어 있을 것이다. 여기서 형이상학은 해결책을 제시하지는 못하지만 자신의 과제와 관련해 매우 중요한 문제를 다룬다.

마르크바르트는 1980년대에 비로소 자신의 교수자격취임논문을 출간하게 되는데, 여기서 그는 정신분석의 근원을 독일관념론 철학과 낭만주의라 밝힌다. 또한 그는 20세기 초반 심리학과 인류학이 현대적 역사철학과 자연과학의 지배에 대한 하나의 대응이라는 점을 밝힌다. 즉 심리학과 인류학은 역사철학과 자연과학이라는 분과가 결여하고 있는 경험의 영역을 보상한다. 마르크 바르트는 이후 이 주제를 계속 다루게 된다. 이미 이때 그는 어찌할 수 없는 유한한 현존을 강조하면서 선험론적이고 절대적인 자아라는 이념을 문제 삼는다.

선험론적이고 절대적인 것과의 이러한 결별은 『원칙으로부터의 결별』(*Abschied vom Prinzipiellen*)을 낳는다. 이에 따르면 어찌할 수 없는 제약과 역사에 매여 있는 사멸적인 인간만이 존재할 뿐이다. 인간은 자신의 삶을 스스로 영위해야 하지만 자신에게 안정과 방향을 제공하는 믿음직한 전통에 묶여 있다. 여기서 정신과학은 중요한 과제를 얻게 된다. 그것은 위험에 처한 인간에게 방향과 안정을 제공하는 도움을 주어야 한다. 왜냐하면 정신과학은 단순히 기술적-이론적 기능뿐 아니라 윤리적-실천적 기능을 지니기 때문이다. 또한 개별자가 모든 것을 처음부터 매번 다시 시작하기에는 인생이 너무 짧다. 우리의 전통은 대체로 시민들에게 어려운 과제를 제시하기도 하지만 오히려 보호막을 제공한다. 전승된 것의 보존은 증명되어야 할 필요가 없다. 이를 변화시키려는 자가 증명책임을 떠안는다.

물론 우리는 단순히 모두에게 규범적인 전통과 역사에만 머무는 것이 아니다. 우리 인간은 다양한 역사, 다양한 의미세계와 생활세계 속에서 살아가며 이는 매우 바람직하다. 생활세계의 다양함을 찬미하면서 마르크바르트는 모든 종류의 전체주의를 분명히 거부한다. 이러한 연관에서 그는 18세기 변신론(辯神論, Theodizee)에서 유래하는 근대 역사철학의 모든 요구들을 거부한다. 이에 따르면 인간은 자신의 생애 동안 추구한 목적을 지속적으로 정당화해야만 한다. 하지만 이러한 요구는 너무 과도하고 비인간적이다. 일상을 법정화하는 대신 인간은 스스로 자신이 어떤 존재이고 싶고 어떻게 살고 싶은지 스스로 결정해도 된다. 마르크바르트는 보수적인 철학자로서 자유주의적 민주주의와 시민사회를 찬성한다.

시민사회는 동의할 만한 가치복수주의를 특징으로 지니며, 이것이 없다면 그 인간적 면모가 사라질 것이다. 또한 여기에는 특징적인 분열이 존재하는데, 이는 더 상위의 종합으로 화해되는 방식에 따라 통일적 전체성으로 나아가지 않는다. 그래서 한편에는 수학적 자연과학을 통한 수많은 사물화와 탈마법화가 존재한다. 다른 한편에는 이에 대해 손이 닿지 않은 풍경 또는 미학적 감각을 통한 자연의 재마법화가 맞서 있다. 이와 유사하게, 한편으로 전통 중립적인 기술, 의학, 경제가 존재한다면, 다른 한편으로는 이에 대해 정신과학, 예술, 전통, 보존과 상기에 기초를 둔 역사적 감각이 맞서 있다. 또한 현대 세계의 증가하는 발전속도가 존재하는가 하면 증가하는 느림의 문화도 존재한다.

마르크바르트는 의학, 기술, 경제 영역에서의 문화적 성과를 부정적인 것으로 유죄판단하기보다는 축복이라고 찬미하는 철학자다. 과학적-기술적 문명이 많은 염려를 낳고 있다는 점을 부정하지 않으면서 그는 이러한 생활의 편리를 폄하하고 애써 무시하는 사람들에 반대한다. 이러한 문명 때문에 자연적 곤궁이 완화된 현존이 가능한 것이다.

대립적인 문화 영역들이 화해되어 종합되지는 않는다 해도 마르크바르트에 따르면 이들이 서로 상관없이 병존하는 것은 아니다. 전통, 예술, 정신과학은 현대적 기술과 자연과학의 사물화가 초래한 상실을 보상한다. 전자는 포기될 수 없다. 그렇기 때문에 우리는 현대적 자연과학의 시대에 예술적 이해, 모범적인 취미, 문화적 형식의 내적 발전으로서의 양식변화에 대해 말하기를 멈추지 않을 것이다. 소리는 음향압력파동으로, 색은 특정한 파동길이의 전자기적 광선으로 설명 가능하다. 그럼에도 불구하고 우리를 감싸는 멜로디, 우리를 감동시키는 그림은 우리에게 항상 있어왔던 대로 있게 되는데, 이는 해석학적으로만 접근 가능한 고유한 종류의 의미체험이다.

그의 스승인 요아힘 리터(Joachim Ritter)처럼 마르크바르트는 근대적 분열을 인정하면서도 이를 종합적으로 매개하는 시도가 실패한 것을 비판하지 않는다. 그러한 매개시도는 항상 두 측면 중 하나의 희생으로 이어졌다. 그러한 매개는 근본적으로 불가능하며 또한 위험하기까지 하다. 왜냐하면 그것은 한쪽 측면의 폄하나 억압으로 나아가기 때문이다. 하지만 인간은 생존과 좋은 삶을 위해 양쪽 문화를 모두 필요로 한다.

무엇보다 마르크바르트에 따르면 인간은 약하고 염려 가득한 결점 있는 존재로서 강하고 살벌한 현실에 맞서 있다. 여기서 마르크바르트는 세계의 강력함과 인간의 무기력보다는 모든 것을 잘 처리하는 인간의 능력을 강조한다. 인간은 강력한 현실과 거리를 두면서 생을 위협하는 고유한 결점을 보충해야 한다. 여기서 인간은 생을 보존하는 도구에서부터 삶을 실현하는 예술작품에 이르는 문화의 도움을 빌려 이에 성공한다.

유한성의 철학 또는 늙어감에 대하여

이 책은 오도 마르크바르트의 85세 생일에 맞춰 출간되었다. 수록된 글들은 인생사와 연관된 그의 사유과정의 중요한 단계들을 드러낸다. 생일은 포괄적인 회상을 담기 마련이다. 그럼에도 불구하고 '도대체 왜 생일이 축하되어야 하는지'의 물음이 제기된다.

인간은 '왜'라는 물음 없이 해마다 자신의 생일을 축하한다. 다른 이들은 생일 맞은 이를 기쁘게 북돋아 주고 즐겁게 하기 위해 행운을 빌어 준다. 악수, 전화, 우편엽서의 수는 자신이 중요하다는 감정을 끌어올린다. 친절한 인사의 말이 종종 글자 그대로 이해되어선 안 된다는 것을 우리는 알고 있다. 그럼에도 불구하고 우리는 이러한 축하의 말을 진지하게 이해하지 않는다 해도 이에 기뻐한다. 하지만 도대체 85세 철학자의 생일을 왜 축하해야 하는지의 물음은 대답되지 않는다.

생 자체를 고찰해 볼 때 우리가 거부할 수 없이 매일 조금씩 다가서고 있는 죽음을 동경하지 않는 이상 나이 드는 것을 축하하는 것은 터무니없게 보인다. 하지만 예외적인 경우에는 이런 이유 때문에 생일을 축하해야 한다.

생일축하는 사실상 죽음과 연관이 있다. 표현하지는 않지만 매년 우리는 언젠가 죽을 그날을 피해 왔다는 것을 상정하고 있다. 왜냐하면 우리는 매년 한 번씩 우리에게 잘 알려진 생일뿐 아니라 아직 알려지지 않은 죽음의 날을 지나치고 있기 때문이다. 아마도 5년 이내의 오늘까지는?

문법을 아는 자에게 슬픔이! 문법은 우리의 사멸성에 대한 어떠한 의심도 허락하지 않는다. 실존적으로 불안하게 하는 방식으로 다양한 의미를 지니는 "이다"(sein)의 1인칭 단수 직설법 미래 2시제는 자신의 죽음을 이미 살아 있는 동안 언어로 표현한다. "나는 그때도 살아 있을 거야."(Ich werde gewesen sein) 적어도 오늘부터 5년 이내는.

이러한 두려운 사실을 자각하는 것은 자신의 현존재의 비자립성을 우리에게 보여 준다. 이는 이미 지나가 버리는 생애의 가치를 높이면서도 아직 남은 한정된 생애에 대한 감사를 표하게 만든다. 이와 함께 이는 생일축하에 대한 설득력 있는 논증을 제공한다. 85세 철학자 오도 마르크바르트의 생일축하는 그가 살아 있다는 것, 더 정확하게는 아직도 계속 살아 있다는 것에 대한 기쁨에서 이루어진다. 왜냐하면 만약 계속 살아 있는 것이 자명하다면 축하하는 날이 필요 없을 것이기 때문이다. 하지만 계속 살아갈 수 없고 더 이상 살아 있을지도 불확실한 생일의 주인공은 그럼에도 불구하고 그리고 아직도 계속 살아 있기 때문에 축하를 받는다. 생일축하의 이러한 근거는 생일 주인공의 철학의 두 가지 본질적인 동기를 드러내는데, 이는 우연과 유한성이며, 이들은 이 책에서 중요한 역할을 수행한다.

「우연의 인정」에서 마르크바르트는 자신의 인생사를 통해 우리 인간이 자신의 선택보다는 우연의 산물임을 보여 준다. 그는 우연을 어느 누구에게 닥쳐와 그의 생애를 형성하는 사건들로 이해한다. 유한한 생애를 지닌 인간으로 태어나 특정 시간, 특정 국가의 시민으로 살아가다가 특정 상황에서 어느 순간 철학에 대한 열정을 발견하게 되는 기초적인 제한적 사건들이 바로 우연이다.

「시민성 거부의 거부」에서 그는 국가사회주의 시대에 성장한 자신의 우연을 탐색한다. 이를 통해 그의 사유는 모든 전체주의적이고 혁명적인 것으로부터 벗어나게 되었다. "시민성에의 용기"라는 모토 아래 마르크바르트는 자유주의-의회주의적 민주주의 입장을 지지하면서 전후 독일에서 시민성에 대한 사회주의적 거부에 반대한다. 모든 혁명적 유토피아주의 및 과도한 비판 프로그램에서 마르크바르트가 등을 돌린 것은 구체적인 역사 경험뿐 아니라 사멸성의 실존적 경험 때문이다.

기센(Giessen)의 철학자 마르크바르트는 이러한 내용을 「시간과 유한성」에서 탐구한다. 인간의 생은 짧다. 그래서 주어진 시민적 제도와 전통에서 벗어나 이들을 비판적으로 검토하며 때때로 변화시키려는 모든 노력은 제약을 지닐 수밖에 없다. 왜냐하면 이러한 일을 하기에는 시간이 너무 부족하기 때문이다. 우리가 매번 새롭게 시작해서 모든 것을 새롭게 규정하기에는 생이 너무나 짧다. 그래서 모든 일은 검증된 관습의 도움 없이는 이루어질 수 없다. 동시에 모든 것을 임의로 오랫동안 기다리기에는 생이 너무나 짧다. 새롭게 행해져야 할 것들은 가능한 한 빨리 행해져야 한다. 그래서 현대는 인간에게 빠르면서도 느리게 살아야 한다는

"시간적인 이중적 삶"을 강요한다. 오늘날 자연과학, 기술, 경제 영역에서 증가하는 발명의 가속화에 대해 이야기가 많이 이루어지고 있다. 이렇게 빠른 세계의 생활의 편리는 논란의 여지가 없다. 동시에 유한한 인간은 좋은 삶을 위해 느림을 필요로 한다. 오래된 삶의 형식, 신뢰, 전통은 증가하는 빠름을 보상한다.

「이성과 유머」에서 마르크바르트는 이렇게 분열된 현실을 있는 그대로 견디라는 이성의 증언을 소개한다. 현대적인 시민적 세계에 반대하지 않으면서 비현실적인 유토피아를 거부하는 것은 이성적이다. 삶의 거칢을 견디면서 여기서 도피하지 않을 검증된 수단이 유머다. 유머는 현실의 고통을 가볍게 하지만 현실로부터 해방시켜 주지는 못하며 현실과의 거리를 유지하면서 그와의 관계를 유지한다.

「미래가 줄어드는 생애 구간에 대하여」에서 저자는 특히 늙음이 있는 그대로의 현실의 지각과 관련이 있음을 보여 준다. 왜냐하면 늙음의 특성은 긴 미래를 더 이상 기대하지 못하는 대신 허황된 환상으로부터 차단되어 있기 때문이다. 그렇기 때문에 늙은이는 젊은이보다도 존재하는 것을 있는 그대로 인식할 수 있다.

마지막 개인적인 인터뷰인 「늙음 — 목표라기보다는 끝」에서 마르크바르트는 늙음이 현실에 대한 감각을 날카롭게 한다는 점을 언급하면서도 늙음의 현실이 그에게 나쁘다고 강조한다. 수많은 불편함 때문에 그는 늙음을 무거운 짐으로 느낀다. 사소한 기쁨의 요소들을 제외하면 늙음은 극도로 고통스러우며 개선의 여지도 없고 전체적으로는 목표라기보다는 끝이다. 늙음의 관점에서 이 세상의 모든 화려함은 자신의 빛을 잃어버리지만 허영심은 놀랄 정도로 지속된다.

무딘 상상력처럼 노인의 명예욕은 때로 늙음의 참된 의미를 왜곡한다. 늙음을 어느 순간 충분히 있는 그대로 내버려 둘 수 있는 자만이 이 의미를 인식하게 된다. 하지만 강력한 명예욕은 많은 사람들을 이로부터 멀어지게 한다. 물론 나이가 많음에도 불구하고 인간은 의미 있는 존재가 되길 원하며 다시 한번 진지하게 받아들여지고 칭송받길 원한다. 이러한 욕구가 인간적이라 해도 이를 통해 늙음의 진정한 의미가 은폐된다. 시몬 드 보부아르 (Simone de Beauvoir)에 따르면 늙음은 생의 한계상황이라기보다는 생의 진리이다.

이처럼 절정기의 생과 달리 늙음은 다른 기준으로 측정된다. 삶의 길이 관습적인 것에서 한 발짝도 더 나아가지 않는다 해도 세계에 살아남아 있는 것은 즐거움이다. 그럼에도 불구하고 인간은 전체로부터 무언가를 만들 수 있길 희망한다. 물론 명예욕의 시도와 의지가 있다 해도, 이것만으로 이러한 노력이 쓸모가 있는지 여부가 결정되지는 않는다. 행운은 자동적으로 능력 있는 자에게 오는 것이 아니다. 생이 약속하는 모든 것이 거짓은 아니다. 항상 그랬던 것처럼 반은 성공이고 반은 실패다. 비관하기만 하는 자는 항상 아무것도 보지 못한다. 생의 바퀴는 이득과 상실, 빛과 그림자, 행운과 환멸 사이를 돌고 있다. 이러한 전환은 모든 인간의 운명이다. 그럼에도 불구하고 모두는 현실에서 지속적인 번영과 기쁨을 소망한다. 여기서 이들의 마음은 종종 외적인 것에 매달려 있다. 하지만 이 외적인 것은 늙은이의 관점에서 판단해 볼 때 작은 의미만을 가질 뿐이다. 오늘 마음에 들었다 해도 내일이면 곧 사라지게 된다. 늙음 속에서 많은 사물들의 가치는 사라져 간다. 우리는 이들의 화려한 가상을 불신하게 된다. 죽음이 생을 스쳐 갈 때에 비로소 자신의 유한성에 대한 적절한 감정이 생겨나게 된다. 갑자기 우리는 습관이란 넓은 고원지대에서 밑으로 열리는 문을 통해 심연으로 빠질 위험에 처하게 된다. 테오도어 폰타네(Theodor Fontane)는 "우리는 그 안에 갇혀 있다"고 적고 있다. 이제 하루에 대한 허망한 찬사가 사라지게 될 때에야 비로소 우리는 알게 된다. 우리가 얼마나 멀리 왔는지는 모르나 이에 대한 찬사는 그만큼 이어지지 않는다는 것을. 왜냐하면 일상의 온갖 분주함 속에서 중요한 일들을 해결해 왔지만, 결국 우리가 도달한 곳은 그 어느 곳도 아니기 때문이다. 이처럼 늙음은 인간의 모든 중요한 일을 사라지게 한다. 소위 중요한 일들은 더 이상 중요하지 않다. 우리가 믿고 싶었던 것처럼 그렇게 많은 가치가 그 뒤에 숨겨져 있지는 않다. 아니, 거의 아무것도 없다. 물론 많은 것이 우리에게 중요하다. 또한 생은 선물이며, 감사의 감정이 절로 생겨난다. 하지만 어떤 추정이 남는다. 즉 모든 인간의 성공의 근저에는 파멸이, 우리 모든 노력의 궁극적인 허망함이 숨어 있다는 것을.

특히 늙음은 이처럼 환멸적인 통찰의 눈을 뜨게 한다. 그것은 인간적인 모든 것의 깨어짐, 비지속성, 공허함을 보여 준다. 이 점에서 늙음은 생의 가차없는 진리이다. 자기 반어 없이는 이에 대한 슬픔을 감당할 수 없다. 확실히 생의 모험은 위대하긴 하지만 사실상 아무것도 아니다!

프란츠 요제프 베츠

늙어감에 대하여

우연의 인정

"철학적인 고찰은 우연을 없애는 것만을 목적으로 한다." 이는 헤겔의 말이다. 나는 위대한 경험론자인 헤겔을 가끔씩만 그리고 의지에 반하여 반박하곤 하는데 이 자리가 그런 자리다. 예를 들어 우연을 없앤다는 것은 철학에서 철학자를 없앤다는 것이다. 하지만 (아마추어든 프로든) 철학자 없는 철학은 없다. 그렇다면 헤겔은 궁극적으로 철학이라는 이름으로 철학에서 철학을 없애는 꼴이다. 따라서 철학을 위해서는 우연을 구해야만 한다. 왜냐하면 이를 통해서만이 철학은 가능하기 때문이다. 이를 위해서는 전기적인 언급이 유용하다. 이는 개별 철학자와 관련해 우연을 타당하게 만든다. 모든 철학자와 관련해 철학사는 우연을 포함한다. 철학사는 또한 철학에게 중요한데, 왜냐하면 철학에 우연이 중요하기 때문이다. 뭔가 이야기될 수 있는 것은 우연뿐이다.

　　나 자신이 우연이기도 하거니와 이러한 나는 우연히 철학이라는 우연을 만났고, 여기서 고찰이 필요한 조금의 상처와 기쁨을 접했다. 이것이, 짧게 말하긴 했지만 여기서 이야기할 수 있는 전체 이야기다. 이는 짧은 이야기로서 이제 거의 55년이 흘러갔다 [이 텍스트는 1983년에 쓰였다 — 편집자]. 그래서 하나는 분명하다. 나는 살면서 나의 삶의 이야기 바깥으로 나갈 수 없다. 하지만 나는 어떻게 이 안으로 오게 되었을까? 답변은 '우연히'다.

나는 아예 존재하지 않았거나 혹은 이전에 혹은 이후에 태어났을 수 있다. 우연히 1928년에, 우연히도 철학이 문화의 한 부분에 속하는 세계의 어느 지역에서, 우연히도 어린아이였을 때 학교를 다녔던 힌터포메른 지역에서 나는 태어났고, 그 이후에는 철저히 우연히도 정치적 기숙학교를 다녔고, 그 후에는 우연히도 전쟁을 체험했다. 17세에 나는 이미 전쟁포로를 경험했고, 그 이후 우연히도 대학입시 준비반이 있던 헤센 주의 어느 지역에 이모가 살고 계셨고, 거기서 나는 대학입학시험을 치렀고, 우연히도 나는 마르부르크 대학이나 킬 대학이 아니라 뮌스터 대학에 들어가게 되었고, 철저히 우연히도 나는 재수하지 않고 학업을 시작하게 되었다. 철학, 독문학과 약간의 예술사, 역사를 공부했고, 그 후에는 철학 때문에 신학 또한 공부했다.

나는 왜 철학을 공부했을까? 왜냐하면 철학과에서 박사학위를 받은 이후 언론인이 된 사돈 측 삼촌이 우연히 있었기 때문이며, 내가 그를 조금 알게 되어 그 내용은 이해하지 못했어도 기억에 남을 만한 매력적인 "철학"이란 단어가 나에게 남아서였을까? 또는 이모 집의 책장에서 우연히 쇼펜하우어의 책이 내 손에 들어와서였을까? 아니면 그 이후 깊은 인상을 남긴 일이지만 다른 이모 집의 책장에서 우연히도 프로이트의 책이 내 손에 오게 되어서였을까? (나의 부모님의 책장은 1945년 이후에는 더 이상 없었다. 그래서 우연히도 존재했던 이모들이야말로 우연의 꾀의 대리인들이 아니었을까?) 또는 나의 부모님이 피신했던 오스트프리스란트(Ostfriesland) 섬에 우연히도 은퇴한 도축감독이 있었는데, 그는 궁극적으로 칸트를 쉬운 독일어로 번역하려 했고, 이에 대해 칸트보다 더 칸트적이면서 더 어렵게 글을 썼는데, 그가 자신의 열광으로 나를 성공적으로 설득하여 나 같은 인간 —— 당시 건축기획을 연습하고 이에 흥미를 지닌 것을 칭송하던 나 —— 이 예의 때문에 칸트의 『순수이성비판』을 적어도 수동적으로라도 암기할 수 있어서였을까? 내가 뮌스터 대학에 들어간 우연이 나를 저명한 철학 선생님인 요아힘 리터(Joachim Ritter) —— 그가 없었다면 내 삶은 완전히 달랐을 것이다 —— 에게 인도했기 때문일까? 서로 상당히 친절했지만 자기 확신이 완고하여 서로 대립하던 제자들이 많은 가운데 리터가 가장 자유주의적인 방식으로 이들 간의 균형을 맞추고 북돋았던, 매우 드물지만 생산성이 높았던 그의 단체 "철학 서클"(Collegium philosophicum)에 내가 우연히 있게 되고 여기서 우연히 절친을 만나게 되어서였을까? 내가 생각하기에 리터가 어느 정도의 시간 동안 이스탄불에서 가르치고 있을 때 프라이부르크 대학에서 막스 뮐러(Max Müller)와 빌헬름 실라지(Wilhelm Szilasi)가 관대하게 나와 친구가 되어 줘서 결국 내가 그 기간 동안 포기하지 않고 1954년에 박사학위논문을 끝내서였을까? 이 논문은 1958년 『칸트적 관점에서의 회의적 방법』(Skeptische Methode im Blick auf Kant)으로 출간되었고, 여기서 "과도기적 회의주의"라는 입장이 표명되었다. 철학으로 가는 나의 길은 회의로 가는 길이 되어 버렸다.

그래서 나는 어떻게 철학하게 되었나? 우연이다. 철학이 나와 마주쳤다. 벌이 콜라병 속으로 들어가는 것처럼 나는 철학 속으로 들어갔다. 지적 호기심이 많은 나에게 철학이 달콤하게 보였고, 내가 곧바로 철학이 너무 진지하고 위험한 것을 눈치채고 여기서 빠져나오려 했을 때는 이미 늦어 버렸다. 그래서 내가 빠져버린 철학에 난 그냥 머물렀다. 나를 철학적이지 않다고 여기는 몇몇 나의 학과 동료들이 있다. 하지만 이들에게보다 나에게 다음 물음은 너무나 중요하다. 도대체 나는 정말로 철학을, 진짜 철학을 하고 있는가? 나는 다음과 같은 경력을 지녔다. 나는 1955년 이후 뮌스터 대학에서는 학문 연구원으로, 1963년에는 셸링과 프로이트에 대한 교수자격취임논문 이후 같은 대학의 사강사(Privatdozent)로, 1965년부터는 기센 대학의 정교수로, 이제는 베를린 학문협회의 회원이다. 전문 철학자의 경력목록이란 관점에서 내가 위와 같은 경력을 거쳤다고 해서 내가 정말로 '진짜 철학을 하고 있는가?'라는 물음에 긍정적으로 답변을 할 수는 없다. 왜냐하면 나는 해석학 학파 출신이고 여기서 결코 벗어나지 않는 회의주의자이기 때문이다. '회의주의자가 정말로 철학자에 속하는가?'는 매우 유명하고 오래된 논쟁적 물음이다. 내가 생각하기에 회의주의자는 철학자에 속한다. 그래서 내가 회의하기 시작했다면 나는 철학을 하는 것이다. 그렇다면 나는 어떻게 회의하게 되었을까?

나는 헬무트 셸스키(Helmut Schelsky)가 "회의적 세대"라고 일컬은 세대에 속한다. 국가사회주의가 초래한 몰락에 환멸을 느낀 세대는 이 몰락으로부터 태어났고, 계속 이데올로기에 대해 회의적이며 전체성의 물음으로부터 해방되어 실천적인 노동에 몰두한다. 나는 이 세대의 운명을 반쪽만 받아들였다. 나는 실천적인 노동에 몰두하지 않았고, (실천적인 노동을 통한 재건에 기생적으로) 오로지 회의적이기만 했고, 명확하지 않은 인상을 받은 탓에, 과거의 끔찍한 일 이후에는 곧바로 현실로 나아갈 수가 없었다. 그래서 나는 ── 슬퍼할 능력이 없었을까? 물론 절망을 한가

득 안고서 의심할 능력은 있었다 — 먼저 개념 규정 하지 않고, 방황을 나의 입장으로 삼으며 회의하기 시작했다. 나의 철학은 연장된 공포의 시간으로, 오로지 생각만이 중요하다고 여겼고, 삶을 돌이켜 볼 때(당시 나는 성장통까지 안고 있었다) 어려운 삶의 상황에서도 이러한 생각을 가져야 한다고 가정했다. 하지만 당시 나의 회의적 철학은 의심병에 불과했다. 그렇기 때문에 나의 철학은 균형을 위해, 그래서 견딜 만하기 위해 다양한 형식과 유희적 요소를 가져야만 했다. 그렇기 때문에 내가 선호한 영역은 미학이었고, 당시 내가 빠져 있던 철학적 양식은 기초대중문학 (Grundlagenbelletristik)이었다.

이러한 유희적 회의를 악을 폭로하는 도덕적 작업으로 포장하려는 유혹이 도사리고 있었다. 이 와중에 나는 "비판이론"에 관심을 가지게 되었다. 나는 1950년대 중반 이후 이에 관심을 가지다가 1960년대 말 비판이론에 기초를 둔 "학생운동"이 소위 혁명을 통해 초래한 결과에 경악한 이후 이에 관심을 끊었다. 이 혁명은 프로이트의 "사후적 복종"(nachträglichen Gehorsam)에 대한 반대 개념으로 "사후적 불복종"(nachträglichen Ungehorsam)으로 이해할 수 있다. 서독에서 사람들은 국가사회주의적 독재에 대한 불복종과 저항이 거의 없었다는 것에 대한 양심의 가책을 재건 노동 기간 동안 회피하다가 더 이상 이러한 회피가 가능하지 않게 되었을 1960년대 후반 시점에 다시금 불복종과 저항을 만회하게 된다. 하지만 이들은 터무니없게도 당시 현존하는 제도를 적이라고 규정하면서 서독의 현존하는 자유주의적 질서를 부정의 대상으로 삼았다. 이는 경감하려는 조치다. 죄의식이 너무 과도할 때 이 양심의 가책을 다른 사람에게 돌리게 되면 사람들은 이 가책을 더 이상 가질 필요가 없게 된다. 이처럼 사후적인 불복종 운동은 '가책을 가짐'(Gewissenhaben)으로부터 '양심적임'(Gewissensein)으로 입장을 변경하면서 비판철학 이후의 역사철학을 혁명적 아방가르드의 법칙으로 만들었다. 이 아방가르드는 자기 이외의 모든 사람들을 과거적이라고 유죄판결하면서 자신만이 위대한 구원의 대리인이자 미래라고 주장한다. 이는 유한성에 대한 고려 없이 절대적인 원칙에 따른 절대적인 세계변혁을 주장한다. 이러한 사후적 불복종을 통해 회의는 스스로가 상당히 도덕적이라 느낄 수 있었다. 나는 처음에는 망설이면서 사후적 불복종 운동에 가담했지만 곧바로 『역사철학의 어려움』(*Schwierigkeiten mit der Geschichtsphilosophie*, 1973)에서 이를 비판했다.

사후적 불복종이란 형태로 진행한 회의라는 중간단계를 나는 철학사를 통해서도 증명할 수 있었다. 회의는 그 반성이 순진하게 이어지면 간접적으로 환영의 극대화를 초래할 수도 있다. 그래서 — 당시 내가 떠안고 있던 직업과 가족에 대한 의무 또한 이를 요구했다 — 회의는 사멸성 제약을 안고 있는 우리의 짧은 생을 고려하는 인간 유한성의 철학을 통해 각성되어야만 했다. 나는 이를 하이데거로부터 받아들였다. 우리는 단순히 지금 이미 있는 상태에서 임의적으로 멀리 벗어나 우리 생을 절대적 원칙에 따른 선택을 통해 완전히 재구성하기에는 그렇게 충분히 오래 살지 못한다. 우리의 죽음은 우리 생을 자율적-원칙적으로 절대화하는 것보다 더 빨리 온다. 그래서 우리의 존재는 절대적 원칙에 비춰 보면 항상 과도하게 우연적이다. 그렇다고 임의성을 극대화하자는 것이 아니다. 기독교 창조신학에서 유래하는 우연(Kontingenten)의 유한성 개념은 "존재하지 않을 수 있는 것 또는 또한 달리 존재할 수 있는 것"을 가리킨다. 이는 신의 관점이 아니라 인간적인 관점, 인간으로부터 본다면 이중적이다. 우연은 "또한 달리 존재할 수 있는 것"이고 우리를 통해 변화 가능한 것(예를 들어 이 텍스트는 아예 없었거나 다르게 쓰일 수 있었다), 즉 임의적으로 선택 가능하거나 버릴 수 있는 임의성이다. 또는 우연은 "또한 달리 존재할 수 있는 것"으로 이는 우리에 의해 변화 불가능하며(운명적 사건: 예를 들어 태어나는 것), 따라서 피할 수 없는 운명이다. 이러한 두 가지 종류의 우연이 있으며, 이는 우리가 자신의 삶을 이야기할 때 우리에게 닥치고 우리 삶을 형성하고 우리가 이야기하는, 그러한 자연적이고 역사적인 소여이자 사건이다. 왜냐하면 우리는 우리 삶을 스스로 이미, 그것도 절대적 원칙에 따라 통제하지 못하기 때문이다. 나는 이미 언급한 대로 우연과 만났고, 우연을 통해 철학을 하게 되었다. 즉 인간이 생 전체를 통해 자기 자신에게 이르는 것처럼 나는 철학에, 회의에 이르게 되었다. 우연은 실패한 절대성이 아니라 사멸성의 제약을 받는 우리의 역사적 정상상태이다. 그렇기 때문에 우리 인간은 누구나 항상 자신의 선택의 결과라기보다는 우연적 존재다. 여기서 임의성에 대한 공포는 유년기 시절이 지속되는 만큼(말로André Malraux는 "어떤 인간도 어른이 아니다"라고 말한다) 그 시절의 시각적 허구이다. 우리가 임의로 선택하지 않았음에도 불구하고 우리 자신을 형성하는 우연의 강력함과 삶에서 우연이 가지는 중요성의 경험이 바로 나이를 먹어감의 경험으로서, 이는 우리가 이미 삶의 초기에 만날 수 있다. 누구나, 그래서 가장 젊은 사람도 이미 나이를 먹은 것이고 이는 죽음에 그만큼 가까워졌다는 것이다. 이 사람은 항상 자신의 생을 형성하고 있는 이러한 우연의 우연성을 없앨 만한 — 그래서 언급할 만한 가치가 있을 그러한 — 시간을 가지고 있지 못하다. 내가 부분적으로 『원칙으로부터의 결별』(Abschied vom Prinzipiellen, 1981)에서 회의적인 방식으로 시도했던 것처럼 철학은 이러한 우연의 지울 수 없음을 보여 주며, 그런 한에서 우연의 인정이다.

시민성 거부의 거부

1945년에 대한 한 철학자의 비평[1]

철학과 퇴직 교수이자 이미 허약하고 늙은 철학자인 제가 연속 강의의 주제인 "1945년 ― 변화 속의 독문학"에 대해 구체적인 것을 이야기할 수 있을 것이라고 여러분은 기대해선 안 됩니다. 왜냐하면 저는 독문학자가 아니라 철학자이기 때문입니다. 그래서 저는 1945년과 그 전후로 일어난 일에 대한 몇몇 유사 철학적인 반성만을 할 것이며 다음 사항을 미리 알려드립니다.

1995년 5월 8일 저는 로마 제3대학 철학과와 로마 독일문화센터, 즉 로마 괴테문화원 초청으로 "시대의 인류학"이란 주제로 강연을 했습니다. 이탈리아에는 과거 종전에 대한 기억의 자료들이 존재합니다. 하지만 저는 이날 괴테문화원의 유일한 특별 행사

---

[1] 이 글은 1995년 7월 18일 기센 유스투스 리비히 대학 독문학과의 연속강의 "1945년 ― 변화 속의 독문학"에서 행해진 강연이다. 주석은 2002년에 붙인 것이다.

에서 50년 전의 종전을 상기하는 것이 적절한 것인지에 대해 생각했습니다. 저는 사보이아가(街) 15번지에서 제 글을 인용하면서 다음과 같이 언급했습니다. "오늘은 5월 8일입니다. 저의 나라도 오늘 2차 세계대전의 종전을 상기합니다. 이 전쟁을 통해 독일은 세계에 끔찍함과 고통을 가져왔습니다. 50년 전의 종전은 저의 주제가 아닙니다['시대의 인류학'이 주제였다]. 하지만 저는 이 강연에서 적어도 1945년 5월 8일을 언급하지 않는 것이 올바르다고는 생각하지 않습니다. 이날은 독일의 몰락의 날이었고, 전체주의로부터의 해방의 날이었으며, 이 해방은 독일의 서쪽 지역에선 곧바로, 동쪽 지역에선 45년 이후에야 실현되었습니다. 저는 개인적으로 당시 17세의 소년으로서 1945년 5월 8일에 소련 포로수용소에서 가까스로 탈출하여 미국 포로수용소에 들어가는 행운을 얻었습니다. 이렇게 50년 전 이날은 제 자신의 의식적 생애에서 중요한 날입니다." "생애"라는 말을 통해 저는 저의 강연 "시대의 인류학"이라는 주제로 나아갔습니다.

하지만 1945년 5월 8일과 관련한 "자신의 의식적 생애"라는 언급은 1945년과 관련해 여기서 이야기하고 있는 철학자가 단순히 자기 자신에 대한 반성을 하는 것이 아니라 또한 자신의 기억을 가지고 있다는 점을 알려 주고 있습니다. 그래서 저는 지금 저의 강의를 두 가지 장으로, 즉 1장의 '기억들'과 2장의 '반성들'로 나누고자 합니다. 저는 이러한 개관에 맞게 첫 번째 장부터 시작합니다.

1. 기억들

여러분들은 제가 1945년 5월 8일에 17살에 71일이 지난 나이였음을 알 수 있을 것입니다. 저는 전투기 조력자로 복무하던 시기 이후 6주간의 중간 시간 동안 알고이 지역의 존트호펜(Sonthofen)에서 3월 6일 유효하지 않은 아비투어("디플롬")[대학입학 자격시험]를 치른 상태에서 당시 국민돌격대 부대의 일원이었고, 이 부대는 독일의 전형적인 이층버스로 베를린 남부지역에서 고타 지역으로 이동했습니다. 거기서부터 저는 이 부대와 함께 ── 4월 말부터는 이가 들끓기 시작했습니다 ── 미군과 대치하고 있던 경계인 포크트란트(Vogtland)와 당시 주데텐란트(Sudetenland) 지역까지 진출했습니다. 5월 8일 우리는 당시 거기서 돌고 있던 소문에 따라 동쪽으로 한참 밀려난 서부전선에서부터 동부전선으로 행군했습니다. 소문의 내용은 서구 세력과는 교전 중지가 선언되어 이제는 소련과 전쟁을 계속하는 것이 가능해졌고, 이는 소련의 서진을 막을 기회라는 것이었습니다. 1945년 5월 8일 밤에야 이 소문이 거짓이었다는 점이 밝혀졌습니다. 여기서 물음이 생깁니다. 어떻게 제가 소련 포로수용소가 아니라 미국 포로수용소로 가는 것이 가능했을까요? 밤에 우리는 계속 졸면서 다시 왔던 길로 행군했습니다. 1945년 5월 9일 동이 밝았을 때 우리는 다시금 포크트란트에 도착했고, 지쳐 있었고 잠이 들었습니다. 그날 우리는 (쉬네크 옆) 플라우엔에서 미국의 전쟁포로가 되었습니다. 6월 말 저를 포함하여 서구 점령지역에 있던 이들은 마차로 디츠(Diez an der Lahn)로 옮겨졌는데, 왜냐하면 소련이 플라우엔을 점령했기 때문입니다. 오늘날 저는 누군가를 놀라게 하고 싶으면 디츠 감옥 시절을 이야기합니다. 이 감옥은 당시 프랑스 전쟁포로수용소의 물류 중심지였습니다. 1945년 8월 9일에 나이 많은 수용자들이 디츠에서 더 형편이 좋지 않은 레마겐과 크로이츠나흐로 이동하기 전에 나와 같은 소년들은 석방되었습니다. 저는 8월 10일 기센에서 신청한 첫 번째 전후-생필품 카드를 림부르크에서 받았습니다. 8월 10일 이후 저는 기센이란 곳이 있으며 그것이 어디에 있는지를 실제로 알게 되었습니다. 8월 중순에 저는 노르더나이(Norderney)의 이모집에 머물면서 부모님이 아직도 살아계신다는 것을 알게 되었습니다. 조금 뒤 제 아내의 가족은 이미 4월에 마차와 자동차로 이루어진 피난민 행렬과 함께 서프로이센에서 튀링겐으로 왔고, 다시 한번 마차와 자동차로 동베스트팔렌으로 이동했습니다. 저는 당시 아직 제 아내를 알지 못했습니다. 1945

년 3월에 돌아가신 장인어른과 1945년 4월 대전차 로켓포 사고로 죽은 아내의 동생을 저는 알지 못합니다. 또한 저의 부모님이 1931년부터 1945년까지 살았던 동포메른의 콜베르크[코워브제크]도 저는 그 이후 다시 가 보지 못했습니다.[2]

　이것이 1945년에 대한 저의 기억입니다. 하지만 저의 이 모든 개인적인 일들은 여러분의 관심을 조금밖에 끌지 못할 것입니다. 라이프프리트(Leibfried) 학장이 저에게 이 연속강의에 참여할 것을 요청했을 때 저는 이러한 점을 경고했습니다. 하지만 그는 제가 자기경험을 통해 직접적인 전후 대학 사정을 알고 있다고 말했습니다. 그건 맞지만, 비교를 위해서는 이것이 충분치 않다고 저는 대답했습니다. 저는 나치 시절 대학을 자기경험을 통해 알지 못합니다. 왜냐하면 당시 저는 중고등학교 학생이었을 뿐이기 때문입니다. 그러자 학장이 저에게 나치 시절 중고등학교에 대해 이야기해 달라고 말했습니다. 그래서 저는 이는 더 복잡하다고 대답했습니다. 왜냐하면 저는 12살, 즉 1940년 4월부터 나치 시절의 일반 중고등학교가 아니라 극단적인 정치적 나치학교를 다녔기 때문입니다. 몇몇 전문가는 그러면 "아하 나폴라(Napola)군요"라고 말할 것입니다. 문칭거(Munzinger-Archiv) 사이트에 따르면 처

2　1996년 여름에야 나는 이제까지 딱 한 번 지금의 폴란드 코워브제크에 방문했다.

음에는 제가 그렇게 기록되어 있었습니다. 하지만 사실은 그렇지 않습니다. 좀 더 문제가 심각합니다. 저는 1940년 4월부터 1945년 3월 초반까지 처음에는 알고이의 존트호펜, 그 후에는 힌터포메른의 팔켄부르크(Falkenburg am Krössinsee)에 있던 아돌프-히틀러-학교(Adolf-Hitler-Schüler, AHS)를 다녔습니다. 이는 원래 결사대의 성으로서, 여기의 원래 거주자는 소위 결사대원들(학생나이: 20대)이었습니다. 하지만 이들은 전방에 투입되어서 아돌프-히틀러-학생들(이차적인 나이: 10대)이 여기서 거주할 수 있었습니다. 국가정책적 교육시설(NPEA, 나폴라)과 아돌프-히틀러-학교 간의 차이는 다음과 같습니다. 나폴라는 1933년에 설립되어 부분적으로 개혁되는 가운데 1차 세계대전 이후 금지된 사관학교 전통을 수용했습니다. 35개의 시설이 있었고, 900명의 "청년들"이 졸업했습니다. 이들 시설은 나치-국가 시설로서 그렇게 성공적이진 못했지만 처음에는 돌격대(SA), 그 이후에는 친위대(SS)가 이 시설에 영향을 미쳤습니다. 그 후원자는 과학, 교육, 대중교육을 위한 나치-국가 제국장관인 베른하르트 루스트(Bernhard Rust)였습니다. 이에 반해 아돌프-히틀러-학교는 1937년부터 시작됩니다. 처음에는 10개, 그 후에는 12개 시설이 있었고 2,500에서 3,000명의 학생이 졸업했습니다. 이들은 나이에 따른 당조직인 히틀러 소년단이었습니다. 그 후원자는 제국노동전선의 재정으로 후원한 제국조직선임이던 로베르트 라이(Robert Ley)와 제국유소년지도자 발두어 폰 시라흐(Baldur von Schirach)였습니다. 이에 대해 더 알고 싶은 분은 하랄트 숄츠(Harald Scholtz)의 책 『국가사회주의 선별학교. 독재국가의 지배수단으로서의 기숙사 학교』(*NS-Ausleseschulen. Internatsschulen als Herrschaftsmittel des Führerstaates*, Göttingen: Vandenhoeck & Ruprecht, 1973)를 참조하면 됩니다. 아돌프-히틀러-학교는 국가사회주의적 독재자 후속세대를 모집하는 기초역할을 수행했지만 여기에만 한정되지는 않았습니다. 사람들은 모든 직업 영역에서 그렇게 둔하지는 않은 나치 협력자들을 갖길 원했습니다. 예를 들어 저조차도 당시에는 건축가가 되길 원했습니다. 아돌프-히틀러-학교를 몇몇 단어로 표현해 본다면(그 이상은 불가능합니다) 저는 다음처럼 말할 것입니다. 그 경향과 의도(반드시 현실이 아니라)에 따라서 보면 모든 이와 모든 것의 정치화, 특히 수업의 정치화, 방어능력으로서의 스포츠의 강조, 유소년 운동, 엘리트 교육, 독재자 원칙, "교육의 혁명"(시라흐), 시민적 교육학교의 파괴와 교육을 통한 대중적 각성, "실천의 사회주의", 대중사회, 동시에 기숙사학교를 통한 대중사회의 소외, 또한 "검증", "너는 아무것도 아니며 너의 민족이 모든 것이다", 시민을 위한 교육이 아니라 나치-이상론자를 위한 혁명적 교육 등이 그것입니다. 제가 오늘날 "이상론자"라는 단어를 들으면 아직까지 머리가 곤두섭니다. 전체주의적인 이상론자는 소위 더 상위의 것을 위해 "강인함"을 가지고 자기 자신에 반하여 모든 것을 희생할 준비가 되어 있다는 것입니다. 그의 생, 그의 개별성, 그의 시민적 감수성, 그의 인간성과 도덕 모두가 희생될 수 있는 것입니다.

이것이 시민성을 거부한 나치 교육의 목적이었습니다. 즉 '유토피아가 실현되고 세계는 사라질 것이다'(fiat utopia, pereat mundus). 여러분은 전쟁이 반 년만 더 지속되었다고 한다면 이러한 교육적 배경을 지닌 제가 어떤 상황에 처하게 되었을지를 항상 반복적으로 생각했을 것이라고 추측할 수 있을 것입니다.

이제 다음처럼 생각하는 분이 있을 것입니다. 나치의 학교 졸업자들이 자신의 경력을 쌓은 곳이 바로 전형적인 서독이라고 말입니다. 예를 들어 저처럼 대학교수가 된 이도 있고, 공공 서비스, 운송, 교통(ÖTV) 노동조합에서 클룽커(Kluncker)의 후임을 정할 때 모니카 불프-마티에스(Monika Wulf-Mathies)에게 아깝게 진 열성적 사민당원 지크프리트 메르텐(Siegfried Merten)도 있는데, 그는 아돌프-히틀러-학교 시절 제 학급 동료였습니다. 저는 근래에 폐암으로 죽은 그를 1945년 이전에 좋아했고, 1945년 이후 수년 뒤에 다시 만나기도 했습니다. 몇몇 사람들은 반제국주의적인 예전의 동독에서는 그러한 경력이 불가능했을 거라고 생각합니다. 실제로 불가능했을까요? 예를 들어 동독에서 베르너 람베르츠(Werner Lamberz)는 독일 사회주의통일당(SED)의 중앙위원회(ZK)의 정치국 회원이었고 에곤 크렌츠(Egon Krenz)의 경쟁상대였지만, 에리히 호네커(Erich Honecker)의 후임으로 거론되지는 못했는데, 왜냐하면 그가 1978년에 헬기추락사고로 사망했기 때문입니다. 저보다 한 살 어린 그는 아돌프-히틀러-학교의 졸업자였습니다. 1941년에서 1942년 사이에 우리는 존트호펜이란 동일한 주소에 있었습니다. 제 책『원칙으로부터의 결별』(1981) 6쪽에서 저는 "정치적 기숙학교"에서 "철두철미하게 교육받았고", "세계의 낯섦에서 고독했다"고 요약한 바 있습니다.[3] 아돌프-히틀러-학교에 대한 언급은 물론 이 연속강의의 문맥 속에 포함됩니다. 제가 거기 학생이었다는 언급은 저에게 불명예일 수 있습니다. 그렇기 때문에 저는 1982년 베를린 학문협회에서 회원의 짧은 자기소개 중에 — 저는 그때 콘라드 죄르지(Konrád György), 브와디스와프 바르토셰프스키(Władysław Bartoszewski), 요제프 탈(Josef Tal) 다음 차례였습니다 — "1940~1945년 동안 저는 아돌

---

3 이는 너무 과도하게 표현되었다. 우리에게 철두철미함을 교육시키고 그래서 내가 조금은 배우게 된 "교육자"들이 있었다. 무엇보다 발터 톰(Walter Thom)과 에케하르트 판넨슈틸(Ekkehart Pfannenstiel)이 기억난다. 그리고 당시 학급동료에 대한 좋은 기억들을 가지고 있다.

프-히틀러-학교에 있었습니다"를 언급했습니다. "제가 이를 언급하는 이유는 이것이 언급이 안 되지 않게 하기 위함입니다."

이는 1945년에 관한 물음으로서 어떻게 그러한 학교의 학생이 전후 대학교의 학생이 되고 민주주의자가 되었을까요? 연속 강의의 한 강좌는 이에 대한 답변을 제시하기에 너무나 짧습니다. 저는 여기서 시간적인 이유로 몇몇 부분만을 다룰 수 있습니다. 여기서 저는 1945년 이후 대학에 대한 몇몇 고찰을 1968년까지의 독일 전후시대에 대한 일반적인 반성과 엮을 것이며, 이는 다음 장에서 이루어지게 됩니다.

2. 반성들

저는 여러분이 1968년 이후 지배적이었고 아직도 남아 있는 이론을 알고 있을 거라 생각합니다. 종전 직후의 독일, 특히 서독은 슬퍼할 수가 없었습니다. 이후 1968년은 국가사회주의적인 과거를 몰아냈고, 이를 통해 이러한 과거와의 논쟁을 회피했습니다. 그 결과는 현실적인 새로운 시작의 기회를 놓친 것입니다. 68운동에 따르면 서독은 시민적 공화국이 되었기 때문에 실패한 혁명이라는 것입니다. 즉 시민적 공화국으로 전환함으로써 세계 변혁을 거부했다는 것입니다. 이는 우리가 맑스주의와 전체주의를 동일한 것으로 여긴다면 더 거북하게 들릴 것입니다. 그때 68운동의 세력들은 전체주의-국가사회주의를 "사회주의" 개념으로부터 구별하려 했습니다. 이들은 여기서 전체주의가 폭력적인 체제로서 프롤레타리아 혁명의 승리에 대항한 시민사회의 테러리즘적인 자기방어에 불과하다고 여겼습니다. 이러한 표상에 숨어 있는 전제는 시민적인 것이 나쁜 것이고, 시민성을 거부하는 것이 필요하다는 것입니다.

저는 예를 들어 루카치(Lukács György)의 『이성의 파괴』(*Zerstörung der Vernunft*, 1954)의 영향을 받아 처음에는 이러한 명제를 긍정적으로 여겼고, (1945년에는 오른편에 있던 거의 모든 사람들처럼) 왼편에 서 있었지만, 점점 더, 특히 68 학생운동의 영향 때문에 ─ 특히 1967년 이후 진행된 이들의 토론회는 제가 보기에 나치 시절의 저녁 교육프로그램과 매우 유사했습니다 ─ 다음의 물음이 생겨났습니다. '이것이 과연 옳은 걸까?' 저의 대답은 점점 더 '아니다'로 기울어졌습니다. 저의 연구가정은 매우 끔찍하고 불쾌하고 능가할 수 없이 극악한 형식인 국가사회주의가 시민성을 거부한다는 것입니다. 그렇기 때문에 이에 대한 대항 수단은 새로운 ─ 새로운 사회주의적인 ─ 시민성의 거부가 아니라 그 반대, 즉 시민성에의 용기라는 것입니다. 여기서 저는 시민성에 대한 좀 더 넓은 개념을 가지고 있습니다. 시민사회에선 예를 들어 "제4신분"이 "제3신분"으로 바뀔 뿐 아니라 "제3신분"의 해방이 이루어지며, 빈곤화 이론이 예견한 것처럼 프롤레타리아가 시민에서 제외되는 것이 아니라 1835년 프란츠 폰 바더(Franz von Baader)가 예견했고 개혁적 노동자 운동이 결정적으로 기여한 것처럼 "프롤레타리아의 시민화"가 이루어졌습니다. 이것이 시민적 연방공화국의 중요한 원동력이 되었습니다. 민주주의적 시민성(시민 중심)으로의 전환, 즉 시민성 거부의 거부는 1945년 이후 사회민주주의에 반대하는 찬동할 만하고 합리적인 대답이었습니다. 여기서 1945년 5월 8일을 해방의 날로 진지하게 받아들이는 전후시대에 대한 전통적인 주류 해석방식에 대해서 비판적인 문제제기가 제시됩니다. 저는 시간적인 이유로 여기서 전후시대에 대해 특징적인 몇 가지 사실들(a~d)만을 지적할 수 있습니다.

a) **일상의 평화.** 마네스 슈페르버(Manès Sperber)는 1983년 평화상 강연 「세계전쟁 시대에서의 삶」에서 '인간이 20세기에 어떻게 두 차례의 세계대전을 치를 정도로 심리적으로 준비되어 있었는가?'라는 물음에 답변을 합니다. 그의 대답은 이러한 끔찍한 전쟁들이 단순히 끔찍했을 뿐 아니라 일상이 주는 압박에서 벗어나 그 압박의 경감을 위해 끔찍한 방식으로 바라던 바였다는 것입니다. 일상에 대한 불만족은 "일상의 모라토리움"의 매혹을 낳았고, 이것이 바로 전쟁이라는 것입니다. 슈페르버는 나치 지지자들

과 스탈린주의자들에 의해 비슷한 정도로 무시되고 깔아뭉개진 1938년 자신의 에세이 『독재의 분석』(*Zur Analyse der Tyrannis*) 에서 이미 이 명제를 준비하고 있었습니다. 명제는 우파든 좌파든 독재가 그것이 시민적 일상으로부터의 경감, 커다란 예외상태로 의 반시민적인 진입을 약속하기 때문에 성공한다는 것입니다. 슈 페르버는 여기서 한나 아렌트(Hannah Arendt)가 1951년에 발표 한 전체주의 이론과 유사하게 우파와 좌파의 "독재"라는 주제를 정확하게 지적했습니다. 역사논쟁에서 하버마스 진영은 몇몇 올 바른 주장을 제시하기도 했지만, 전체주의라는 범주의 복귀를 막 으려고 시도했습니다. 하지만 이는 잘못된 것이고 이를 프랑수아 퓌레(François Furet)가 『환영의 지나감』(*Le passé d'une illusion*)에 서 올바르게 보고 비판했습니다. 서독의 전후시대는 전쟁이나 전 체주의를 통해 일상을 중지시키는 매혹에 대항하여 재건을 통해 일상의 평화를 구축한 성공적인 시도였습니다. 이를 통해 이 시대 는 국가사회주의와 전쟁에 대해 단호하고 이성적인 답변을 제시 했습니다. 두 번째는 다음과 같습니다.

　b) **교수중심대학의 지속.** 저 스스로가 이러한 교수중심대학의 학생이었습니다. 조금은 엄격한 시험을 통해 저는 아비투어 코스 의 기회를 얻었고, 트라이자의 청소년을 위한 지방 실용 김나지움 을 1946년에 졸업했고, 이후 대학생이 되었습니다. 이 당시엔 전

쟁 참가자들이 대학으로 밀려들었고, 그래서 입학 정원에 제한이 있었습니다. 저는 사실 나이로 보면 교육과정상 지체된 적이 없었기 때문에 처음에는 마르부르크 대학과 킬 대학에서 거부되었고 뮌스터 대학에서는 대학 재건공사 기간에 합격을 했습니다(그리고 건축보조노동자로서 저의 학문적 경력을 시작했습니다). 이 대학에서 저는 1947/48년 겨울학기부터 공부하기 시작했습니다. 전후 대학과 관련해 일반적인 의미는 1945년 이후에도 대학에 연속성이 존재한다는 것입니다. 물론 이는 학과와 지역에 따라 다를 것입니다. 저의 부전공 과목이기도 한 독문과의 경우에는 뮌스터 대학에서 이것이 사실일 것입니다. 하지만 제가 어원학과 중세문학을 조금 맛보게 한 요스트 트리어(Jost Trier) 교수는 이미 1933년 이전 뮌스터 대학에서 언어학과 중세학 부문의 정교수였습니다. 그는 극단적인 사유의 느림과 천재성이 매혹적으로 합쳐진 인물이었습니다. 당시 독문과는 시대에 적응해야만 했습니다. 여기선 튀는 저항의 중지 및 개별적인 경력 기회주의가 존재했을 뿐 아니라 권력을 쟁취하기 위한 과들 간의 매수도 존재했습니다. 민속학의 경우가 특히 그랬습니다. 베노 폰 비제(Benno von Wiese) 교수는 현대 독일 문예학 분야에서 저의 스승이었는데, 그는 자신의 과거에 오점을 가지고 있었습니다. 저는 그의 (처음에는 비극에 관한) 강의를 선택적으로만 들었습니다. 즉 저는 졸다가 특정 문제가 언급되면 깼는데, 그것이 바로 변신론으로서 이는 홀로코스트와 관련해 터무니없는 문제는 아니었습니다. 하지만 폰 비제 교수의 상급자 세미나는 탁월했습니다. 그는 1920년대 말과 1930년대 초에 한나 아렌트와 매우 가까운 친구였지만, 아렌트는 1945년 이후 공식적으로는 아니지만 사적으로 그를 비난했습니다. 1933년과 관련한 인터뷰에서 아렌트는 공식적으로 그의 이름을 밝히지 않은 채 말했습니다. "우리는 몇몇 친구 때문에 놀랐습니다. 이들은 너무나 많이 히틀러에 매혹되었습니다." 저는 베노 폰 비제 교수에 대해 매우 조심스러워했는데, 이는 다음의 물음 때문이었습니다. '나보다 훨씬 더 그를 비난해야 할 근거들을 가지고 있는 아렌트조차 그를 직접 비난하지 않는데, 내가 뭔데 그를 비난할 수 있는가?' 1945년 이후까지 이어지는 커다란 연속성이라는 전설은 물론 결코 적절하지 않습니다. 저의 전공은 철학이었습니다. 뮌스터 대학에서 저의 철학 스승은 요아힘 리터, 오토 모스트(Otto Most)였고, 이들은 1945년 이후에야 정교수가 되었습니다.[4] 이는 저의 프라이부르크 대학 박사 지도교수인 막스 뮐러에게도 해당합니다. 그는 1937년 "철학적-세계관적 이유로" 사강사 자격을 얻지 못했고 나치반대그룹인 "백색의 장미"에 가담한 이유로 체

---

4 요아힘 리터는 병역 때문에 1943년 킬 대학 철학과 교수직을 맡을 수가 없었다.

포되고 심문을 당했습니다. 이는 또한 나의 부심이었고 은퇴한 빌헬름 실라지 교수에게도 해당합니다. 하이데거는 당시 강의를 해선 안 되었습니다. 당시는 제도적, 건축적으로 생산력 있는 대학 재건이 중요했습니다. 바이마르 공화국의 교수중심대학이라는 이상에 따른 교수중심대학의 복원은 넓은 범위에서 대학의 정치화 및 나치당에 의한 통제가 이루어진 나치-사강사연합 대학 모델에 대한 대안이었습니다. 저는 1945년 이후의 이러한 교수중심대학에서 커다란 생동감과 자유를 느낀 기억을 가지고 있습니다. 1945년 이후 읽기에 대한 욕구는 당시 먹는 것에 대한 욕구보다 더 강했습니다. 여기서 우리는 종전이 곧 해방이라는 명제를 진지하게 받아들여야 합니다. 물론 정교수에 의한 억압이 당시 존재했습니다. 하버마스는 박사 후 연구원으로서 자신의 정교수들인 호르크하이머(Max Horkheimer)와 아도르노(Theodor Adorno)에게 시달렸고, 그래서 프랑크푸르트 대학에서 마르부르크 대학으로 거의 탈출해 여기서 교수자격취임논문을 작성했습니다. 그래서 교수중심대학에 대한 그의 이미지는 리터와 뮐러 제자의 그것보다 더 어두웠고, 당연히 그는 대학을 비판하는 이론을 제기했습니다. 1945년 이후까지 연속성이 유지되어야 한다는 동경이 지배적인 가운데, 여기서 예외적인 면이 있다는 것이 저는 놀라웠습니다. 이는 1968년 젊은 교수들 중 68 학생운동에 동감했던 이들 ── 여기에 저도 포함되어 있습니다 —— 이 과거 히틀러-소년단 서열을 따졌다는 것입니다. 이들은 여기서 학생운동과 상관없이 서열과 복종의 정도 사이에 있는 의미 있는 상관관계에 집착했습니다. 이들은 재차 거대한 반시민적 봉기의 분위기를 띄웠는데, 나치 시절에는 오른쪽으로, 전후 당시에는 왼쪽으로, 종종 신마르크스주의적으로 이를 이끌었습니다. 이러한 직접적인 전후 현상에는 세 번째 항목이 포함됩니다.

c) "회의적 세대". 헬무트 셀스키는 1957년 『회의적 세대』(*Die Skeptische Generation*)에서 세 가지 청소년 세대를 구별했습니다. 1. 청소년 운동 세대(반더포겔Wandervogel, 마이스너 원칙Meißner-Formel, 클람페Klampfe, 블록플뢰테Blockflöte). 2. 정치적 청소년 세대(두 차례 세계대전 사이 기간 동안의 세계개선 활동). 3. 2차 세계대전 이후 '세기의 독일 청소년'이 그 구별입니다. 세 번째 세대는 회의적 세대로서 환멸을 느끼고 각성되고 반(反)이데올로기적이며, 그래서 특히나 생활력이 강합니다. 저도 이 회의적 세대에 속합니다. 저는 생활력이 강하지는 않지만(누가 생활력도 강하면서 철학자일 수 있습니까?) 회의적입니다. 회의적 세대의 회의는 1968년 이전에는 국가사회주의에 대한 반성이 이루어지지 않았다는 명제와 모순됩니다. 이 회의는 끔찍한 결과를 가져온 국가사회주의적 전체주의에 대한 직접적이고 극명하고 완전히 합리적인 반응이

었습니다. 즉 회의는 새로운 전체주의를 믿지 않겠다는 것입니다. 즉 모든 형식의 '유토피아가 실현되고 세계는 사라질 것이다'라는 명제는 의심스러운 것이 되었습니다. 저의 철학적 징표이기도 한 철학적 회의는 끔찍함이 하나의 입장이 된 것, 환멸이 하나의 입장이 된 것입니다. '나는 틀릴 수 있다'(저는 심각한 사례를 찾기 위해 저 말고 더 멀리서 찾을 필요도 없습니다)는 명제는 이러한 기초 경험을 표현합니다. 1968년부터 저는 학생운동과 관련해 '나는 틀릴 수 있다'는 명제에 '다른 사람도 틀릴 수 있다'는 명제를 덧붙였습니다. 그렇기 때문에 저는 1970년대 초반부터 비난을 두려워하지 않게 되었습니다. 68운동의 선한 의도를 저는 부인하지 않습니다. 다만 이 운동은 선함의 반대를 선한 것으로 간주했습니다. 이 운동이 나치라는 과거에 대한 반성을 최초로 시도한 것은 아닙니다. 이러한 반성은 1945년 직후부터 있었습니다. 물론 이는 우리가 그동안 이 문제를 모두 해결했다는 것을 의미하는 것이 아닙니다. 결코 그렇지 않습니다. 이러한 나치 과거에 대한 반성은 계속 이루어져야 합니다. 하지만 제가 언급했듯이 서독의 전후시대에 대한 도식화된 해석을 검증하는 것은 이미 오랫동안 시기를 놓쳤다는 것입니다. 이는 자연스레 68운동이 제기한 지배적인 해석, 즉 '비판을 통한 민주화'라는 도식이 과연 옳은지를 검증할 것을 요구합니다.[5] 마지막 사항은 다음과 같습니다.

d) 가책을 가짐(Gewissenhaben)으로부터 양심적임(Gewissensein)으로의 피신. 저는 이미 종전 직후의 독일인들이 국가사회주의적인 과거를 망각하고 그에 대한 반성을 피했다는 지배적인 해석이 거짓이라고 강조했습니다. 오히려 국가사회주의 범죄에 대한 놀람, 즉 "집단적 부끄러움"(테오도어 호이스Theodor Heuss)이 대개 전후 10년 이후 소위 경제적 기적을 통해 발생한 역설적 상황에서보다 전후 초기의 기근과 폐허의 환경에서 자신의 참회의 욕구를 더 적절하게('적절하게'가 아니라 '더 적절하게') 느낄 수 있었다고 말하는 것이 옳습니다. 역설적 상황에서 서독의 독일인들은 자신들이 피해를 준 사람들 가운데 살아남은 자들보다는 경제적으로 더 유리했습니다. 이러한 경제적 발전 때문에 양심의 가책 —— 죄와 부끄러움 —— 은 더 견딜 수 없게 되었고 50년대 중반

---

5 다음을 참조하시오. 그동안 헤르만 뤼베(Hermann Lübbe)의 다음 논문이 이러한 검증요구를 제기했다. Hermann Lübbe, "1968. Zur deutschen Wirkungsgeschichte eines politromantischen Rückfalls", *Politik nach der Aufklärung*, München, 2001, S. 129~149. 나는 그의 모든 중요한 주장에 동의한다. 그렇기에 난 하인리히 브링크만(Heinrich Brinkmann) 기념논문에 브링크만과 철학적, 정치적으로 입장이 동일하기 때문이 아니라 내가 그를 좋아했기 때문에 나의 논문을 실었다는 점을 명확히 밝힌다. 난 이 논문에서 헤르만 뤼베를 언급했다. 왜냐하면 하인리히 브링크만은 뮌스터 대학 학생 시절에 (그는 내가 동의했듯이 프랑크푸르트 대학으로 가서 하버마스의 강의를 들은 후 다시 연구원으로 기센 대학으로 오기 전) 나와 뤼베와 함께 연구했기 때문이다. 나의 기억에 따르면 뤼베는 그를 "마르크바르트적"이라고 불렀고 이는 맞긴 했지만 의도하지 않은 결과를 낳긴 했다. 왜냐하면 이를 통해 브링크만은 "프랑크푸르트 학파"의 언어와 사유로 돌아섰기 때문이다.

부터 그리고 68세대를 통한 참회의 요구를 통해 경감기제는 더 이상 억제할 수 없게 되었습니다. 여기서 가장 성공적인 경감기제는 기본적인 비판으로 피신하는 것입니다. 즉 사람들은 스스로 재판장이 됨으로써 재판에서 벗어나게 됩니다. 사람들은 가책을 가짐으로부터 양심 있음으로 피신했습니다. 이들은 스스로 '가졌던' 양심의 가책을 다른 사람들의 것이 '되게' 함으로써 이 가책으로부터 벗어나거나 이를 완화했습니다. 제 세대에게는 젊은이들의 저항을 환영하고 이를 동참할 만한 행진으로 여기는 커다란 유혹이 존재했습니다. 이들은 경감을 위해 과격화되었고, '국가사회주의는 이제 그만'이라는 구호를 '더 이상 동일하다고 여기지 말라'라는 구호로 완화시켰습니다. 그리고 이들은 모두에게 현존하는 것에 대한 부정, 서독의 시민사회에 대한 부정을 요구했습니다. 저는 1981년 『원칙으로부터의 결별』이란 책에서 이러한 현상을 프로이트의 양심이론의 개념인 "사후적 복종"[6]의 반대 개념, 즉 사후적 불복종으로 설명했습니다. 즉 이는 1945년 이전에는 하지 못했던 부정이 지금 현존하는 것(서독이라는 국가체제)에 대한 부정을 통해 만회되어야 한다는 것입니다. 독재에 대한 비저항은 비독

---

6 Sigmund Freud, *Totem und Tabu*(1912), Gesammelte Werke in Einzelbänden, hrsg. von Anna Freud [u.a.], Bd. 9, Frankfurt a.M. 41968, S. 175; vgl. S. 173 ff.

재에 대한 저항을 통해 균형이 맞춰져야 한다는 것입니다. 이러한 시민성에 대한 새로운 거부는 실제로 민주화를 촉진한 것이 아니라 무엇보다 혁명적 독재에 대한 새로운 낭만적 동감만을 키웠을 뿐입니다.

그렇기 때문에 이러한 시민성 거부는 국가사회주의라는 기원을 가지는 전체주의에 저항할 수 있기 위한 방편으로는, 제가 생각하기에 거짓된 길이었고, 지금도 그렇습니다. 왜냐하면 시민성의 거부는 사람들이 전체주의와 투쟁하고자 한다면, 바로 싸워야 할 악 그 자체이기 때문입니다. 전체주의와의 싸움은 시민성 거부가 아니라 그것의 반대를 통해서만 가능하며, 이는 시민성, 자유주의적이고 의회주의적인 서독의 민주주의를 옹호하는 것입니다.

서독은 실패한 혁명이 아니라 성공한 민주주의입니다. 왜냐하면 서독은 시민적 공화국이기 때문입니다. 반시민적 독재에 대한 환상은 그것이 우파든 좌파든 파멸적입니다. 우리는 정치적 중간층의 정치적 강화를 통해 이러한 환상을 정치적으로 무효한 것으로 만들어야 합니다. 물론 이러한 중간층과 관련해 이것이 개혁적인 중간층인지 보수적인 중간층인지는 다퉈 볼 만합니다. 의회주의적인 민주주의는 시점에 따라 다양한 방식으로 이러한 문제들을 해결할 방법을 가지고 있습니다. 시민성 거부가 아니라 시민성 거부의 거부를, 시민성에의 용기를 가져야 합니다. 이것이 제가 1945년을 통해, 1945년 이후를 통해 배운 것입니다. 그렇기 때문에 저는 이 연속강의 내에서 여러분들이 이 점에 관심을 가지는 것이 중요하다고 생각합니다.

시간과 유한성

저는 여기서 '시간'이라는 주제에 관해 철학적인 방식으로, 공식적인 강연이란 형태로 이야기하는 데에 거의 45분이란 시간을 가지고 있습니다. 저는 이 시간을 지키고 싶습니다. 왜냐하면 저는 이 시간의 유한성을 특별히 강조하면서 시간을 유념해야 하기 때문입니다.

그렇기 때문에 저는 지체없이 책 하나를 소개하려고 하는데, 이는 아주 오래 전이 아니라 1986년에 출간된 한스 블루멘베르크의 『생의 시간과 세계의 시간』입니다.[1] 여기서 블루멘베르크는 후기 후설의 "생성론적 현상학"에 대한 개성 있고 뛰어난 해석을 기초로 인간의 생의 짧음을 자신의 중심적인 시간문제로 발전시킵니다. 직접적으로 자명한 "생의 세계"로부터 쫓겨나 파악될 수 없

---

1   Hans Blumenberg, *Lebenszeit und Weltzeit*, Frankfurt a. M., 1986.

을 정도로 긴 "세계의 시간"을 가진 객관적인 세계를 더 많이 발견하면 할수록 인간은 더욱더 불가피하게 자신의 "생의 시간"이 너무나 짧은 에피소드에 불과하다는 것, 죽음에 의해 제한되어 있다는 것, 죽음이란 자신이 가진 생생하고 인식적인 무한정의 세계지배 욕구에 대해 거부할 수 없는 한계라는 점을 발견하게 됩니다. "생의 시간과 세계의 시간"의 "일치"는 "망상"에 불과합니다. "생의 시간과 세계의 시간" 사이의 "시간 간극의 벌림"이야말로 현실입니다. 여기서 제가 첨가하고 싶은 내용은 인간적-유한한 생의 시간이 세계의 시간과 반대로 현대적이고 현재적으로 특별한 철학적 주목을 끌고 있다는 것인데, 이는 사실상 전혀 우연이 아닙니다.

왜냐하면 세계 시간의 과학적 객관화와 무한화는 1987년 처음으로 기센철학회의에서 여러 번, 특히 요한 밥티스트 메츠[2]가 강조한 것으로, 이는 현대 세계에서 (니체가 "신의 죽음"이라고 한 경험을 배경으로) 메츠가 이야기했듯이 시간의 "탈기한화"(Entfristung)를 통해 가능하고 필요하게 되었기 때문입니다. 시간이 구원

---

2 Johann Baptist Metz, "Theologie versus Polymythie oder Kleine Apologie des biblischen Monotheismus", Odo Marquard(Hrsg.), *Einheit und Vielheit. XIV. Deutscher Kongreß für Philosophie, Gießen, 21.-26. September 1987*, Hamburg, 1990, S. 170~186.

의 시간이자 구원적 종말로 가는 유한한 과정이자 구원을 위한 기한인 자신의 종말론적 목적을 잃어버린 후에야 비로소 세계 시간은 메츠가 이야기하듯이 목적 없는 "열린", 그리고 "진화론적으로 탈기한화된 시간"이 될 수 있었고, 이는 물리주의를 지향하는 현재적 우주론을 낳았습니다. 세계 시간의 객관화와 무한화는 구원적 시간의 탈기한화, 현대적인 세속화된 대체물의 탈기한화, 즉 맑시즘과 같은 목적론적 역사철학의 자기파괴를 통해 가능해졌습니다. 아무튼 세계 시간은 구원적 시간과 그 대체물의 탈기한화를 통해 철학적 주제로 부각되었습니다.

저는 메츠의 이러한 주장이 매우 설득력이 있다고 생각합니다. 물론 이 주장은 옳긴 한데 진리 전체는 아닙니다. 그렇기 때문에 저는 메츠의 주장을 다음의 명제로 보충하고 싶습니다. "열린", 탈기한화된 세계의 시간을 현대적으로 발견한 것은 시간의 기한적 특징을 사라지게 하는 것이 아니라 반대로 이를 극단화시킵니다. 즉 시간은 우리 인간에게 가장 피할 수 없는 기한적 특징을 지닙니다. 이러한 우리 생의 유한한 생의 시간을 블루멘베르크는 "에피소드"라고 했으며, 이는 우리 모두에게 해당합니다. 달리 말하자면 철학적으로 구원적 시간의 현대적 탈기한화를 통해 세계 시간이 발견되었는데, 이에 대한 보상으로서 시간은 현대에는 전에는 상상할 수 없을 정도로 기한, 즉 개별 인간의 유한한 생의 시간이 되어 버렸습니다. 시간은 우리 세기에는 무엇보다 인간의 "죽음에 이르는 존재"(Seins zum Tode) 철학을 통해 유한하게 되어 버렸습니다. 여기서 저는 마르틴 하이데거(Martin Heidegger)의 이 표현을 받아들입니다. 하지만 이 표현은 "이해된 죽음"의 표현도 아니며 죽음학을 위한 기여 개념도, "인간성 상실"과 생의 어려움으로 인한 죽음의 동경의 표현이 아니라 인간의 생의 짧음에 대한 단순한 시간현상학의 표현으로만 저의 관심의 대상이 될 뿐입니다. 이는 구세주의 목적성이라는 기한 있는 시간이 인간의 사멸성이라는 기한 있는 시간으로 대체되는 현대, 바로 오늘날 철학적으로 중요하게 되었습니다. '각 개별 인간의 시간은 유한하고 짧다', '기한이 있다', '생은 짧다' 등 중요한 사항들을 가지는 이 현상학을 위해 저는 여기서 몇 가지 반성을 시도하고자 합니다. 이는 1. 짧은 생, 2. 빠름의 강요, 3. 보상적 느림, 4. 다시간성 등 네 장으로 이루어질 것입니다. 저는 여기서 순서에 따라 첫 번째 항목부터 강연을 진행하겠습니다.

1. 짧은 생

세네카는 『짧은 생에 대해서』(De brevitate vitae)란 책에서 우리 생의 짧음에 대한 비탄을 비판합니다. 그가 생각하기로 우리 생은 짧은 것이 아니라 우리가 우리의 생의 시간을 노력할 가치가 없는 사물들로 인해 마구 써 버리기 때문에 생을 짧게 만듭니다. 그의 예들은 매우 현재적입니다. 예를 들어 귀족은 그의 평민(손님) 때문에 시간에 쫓겨 자신의 생을 망각합니다. 어떤 귀족은 머리 위 유일하게 남은 머리카락을 오른쪽 또는 왼쪽 곱슬로 만들 것인지에 관해 이발사와 수시간 동안 논쟁합니다. 이들은 자신의 시간을 버리는 것이고, 자신의 생을 잃어버리는 것입니다. 즉 생은 짧은 것이 아니라 우리가 시간 낭비를 통해 생을 짧게 만듭니다. 하지만 이러한 세네카의 논증은 어느 점에서는 맞긴 하지만 결국 우리 생의 짧음을 전제합니다. 우리가 임의로 많은 시간을 가졌다면 우리는 시간을 잃어버리지 않은 채 임의로 많은 시간을 낭비할 수 있을 것이고 새로운 시간이 계속 생겨날 것입니다. 하지만 그러한 시간은 존재하지 않습니다. 우리의 시간은 임의로 많이 있는 것이 아닙니다. 왜냐하면 우리의 생의 시간은 유한하며 우리 생은 짧기 때문입니다. 즉 시간은 우리 생의 경험의 원초적인 소여로서 무규정적인 현재에서 무규정적인 현재로 계속 흘러가는, 그러한 현재라는 동일 형식의 계기가 아닙니다. 즉 베르그송(Henri Bergson)의 '지속'이 아닙니다. 이에 따르면 우리 중 어느 누가 시간의 어느 구간을, 그리고 그가 시간 속 어느 구간을 겪고 있는지는 상관없을 것입니다. 하지만 시간은 유한합니다. 시간은 점점 줄어들고, 사라지고, 끝나가고 끝이 납니다. 우리 중 어느 누구도 시간을 멈출 수도, 부여잡을 수도, 그 사라짐을 중지할 수도 없습니다. 시간은 무엇보다 우리의 생의 시간입니다. 시간은 우리가 죽음 전까지 가지고 있는 것으로서, 우리에게 아직 허용된 유예이며, 이는 짧은 기한 뒤에는 더 이상 허용되지 않습니다. 왜냐하면 우리에게 가장 확실한 미래는 우리의 죽음이기 때문입니다. 그래서 시간은 가장 중요한 우리의 시간경험이 알려 주는 것처럼 유한합니다. 시간은 기한이며, 우리 인간은 이를 압니다. 왜냐하면 우리는 "죽음에 이르고 있기" 때문입니다. 시간에 대한 이러한 유한성의 경험은 "단순한 주관적 시간체험"이 아닙니다. 우리는 적어도 이러한 기한으로부터의 휴가, 유한성으로부터의 경감, 죽음에 이르는 존재로부터의 휴식으로서 객관적이고 측정 가능한 세계 시간을 필요로 하는데, 이 시간과 비교해 본다면 우리의 죽음에 한정된 생의 기한은 더 실제적인 시간입니다. 왜냐하면 우리는 이 기한이 있는 시간을 실제로 살아가고 있고, 이 속에서 죽어가야만 하기 때문입니다. 이 시간은 짧습니다. 모든 희소한 자원들 중 가장 희소한 것이 우리의 생의 시간입니다. 우리는 늦게 오며, 빨리 갑니다. 우리의 생인 이 두 지점 사이의 거리는 그것이 아무리 길다 해도 짧습니다. 왜냐하면 우리 인간은 항상 늦게 태어나기 때문입니다. 우리가 시작한 지점은 시작점이 아닙니다. 우리는 알부터가 아니라 닭으로부터 시작합니다(여러분이 아시듯이 저는 해석학자로서 '닭이냐 알이냐' 물음에서 알이 아니라 닭부터 시작합니다). 우리의 죽음은 그것이 아무리 오랫동안 지체된다 해도 항상 빨리 옵니다. 우리는 "던져진" 존재, 즉 "죽음에 이르는 존재"로 태어났고 (모든 실존주의적인 강조점을 제시한다면) 태어남처럼 죽음은 항상 평균적으로 인간 전체 인구의 100퍼센트에게 해당합니다. 달리 표현한다면 인간의 생은 짧습니다(*vita brevis*).

이제부터 전 이 점을 정확하게 이야기하고 싶습니다. 생은 항상 너무나 짧습니다. 그래서 그것은 우리에게 특정한 시간적인 생의 형식, 무엇보다 제가 언급하고 싶은 시간적 형식, 즉 시간적인 이중적 생을 강요합니다. 제가 이를 올바르게 보고 있다면 우리 생의 짧음으로부터 적어도 세 가지 점이 도출됩니다.

첫 번째로 우리 시간은 기한이며, 생은 짧습니다. 그렇기 때문에 우리는 임의로 오랫동안 기다릴 수 없습니다. 그렇지 않다면 우리는 우리 생을 놓치고 맙니다. 왜냐하면 우리의 미래는 죽음으로 한정되어 있어 짧기 때문입니다. 그래서 우리는 참을성이 없으며 서둘러야 합니다. 우리가 변화시키고 개선하며 새로운 것에 도달하고 싶다면 우리는 그것에 빨리 도달해야 합니다. 우리는 빨리 오는 죽음이 우리를 덮치기 전에 더 빨리 그것을 달성해야만 합니다. 그렇지 않으면 우리는 달성할 수 없을 것입니다. 그래서 우리 생의 짧음은, 우리 시간이 유한하고, 그것이 기한이기 때문에 우리 인간을 빠름으로 강요합니다.

두 번째로 우리 시간은 기한이며, 생은 짧습니다. 그렇기 때문에 우리는 임의로 새로운 것을 많이 달성할 수는 없습니다. 우리에겐 기본적으로 이를 위한 시간이 부족합니다. 왜냐하면 우리의 죽음은 그것이 아무리 오랫동안 지체되더라도 수많은 새로움의 창조에 비해 너무 빨리 오기 때문입니다. 이는 우리의 변화능력, 우리의 빠름을 제한하고 우리를 우리의 과거, 우리가 이미 있던 바, 지금 있는 바와 강력하게 묶습니다. 우리는 원하는 대로 과거로부터 벗어날 수는 없습니다. 우리는 말하자면 임의로 빠르게, 그리고 임의로 우리 전승으로부터 벗어날 수 없습니다. 우리는 빠름에도 불구하고 느립니다. 그래서 우리 생의 짧음은, 우리 시간이 유한하고, 그것이 기한이기 때문에 우리 인간을 느림으로 강요합니다.

세 번째로 우리 시간은 기한이며, 생은 짧습니다. 그렇기 때문에 우리는 빠르게 살지 혹은 느리게 살지 선택할 수 없으며 우리는 불가피하게 항상 두 방식 모두를 지녀야 합니다. 즉 우리는 빠르게 살고 느리게 살며, 서두르고 지체해야 합니다. 우리의 생의 짧음, 우리 생의 시간의 유한성은 우리를 그런 방식으로 강요하며, 이는 제가 생각하기에 좋습니다. 왜냐하면 이러한 시간적인 이중적 생은 일종의 시간의 권력 분립으로서 시간적인 동질화, 즉 미래추구에 열성이어서 빠르게만 살거나 또는 전승에 지배되어 느리게 사는 것으로부터 우리를 보호하기 때문입니다. 이는 개별 인간의 시간에 모두 해당합니다. 이는 또한 두 측면, 우리의 빠름과 우리의 느림을 강요하는 현대적이고 현재적인 시간에도 해당합니다. 이를 통해 시간은 우리를 갈기갈기 찢는 것처럼 보이지만 우리는 이를 견뎌 내야 합니다. 우리는 바로 이러한 현대 세계에서 두 측면, 우리의 빠름과 느림, 우리의 미래의 욕구와 전승에 매인 것을 견뎌 내야 합니다. 그렇지 않으면 우리는 생을 반만 사는 것입니다. 이에 대해 중요한 몇 가지 사항을 다음에서 다루도록 하겠습니다.

2. 빠름의 강요

이는 인간의 시간적인 이중적 생의 한 측면입니다. 인간은 생의 짧음 때문에, 즉 그의 시간은 유한하며, 그 시간에 기한이 있기 때문에 빠름으로 강요됩니다. 현대 세계는 이러한 빠름을 강요합니다. 이 세계는 빠름을 더 가속화하여 인간의 느림이 뒤로 밀쳐지고 없어지는 것 같습니다. 이제 빠른 삶만이 남아 있는 것처럼 보입니다.

그렇기 때문에 무엇보다 라인하르트 코젤렉(Reinhart Koselleck)이 개념사적으로 보여 준 바와 같이 현대 세계는 시간적으로 점점 가속화되는 과정으로 경험됩니다. 이 세계는 "시간화"를 통해 진보적 세계가 되고, 이 세계의 새로움의 속도는 계속 자라나며 시간 흐름의 속도는 점점 더 증가합니다. 무엇보다 헤르만 뤼베가 이 점을 철학적으로 보여 줬습니다. 변화속도의 증가는 특별히 현대적인 방법, 말하자면 인간의 느림, 특히 전통적 세계의 방법론적 중립화를 통해 가능해졌습니다. 진보의 현대화하는 힘은 전통중립적(traditionsneutral)으로 작동합니다. 전통중립적으로만 현대의 자연과학은 (세계를 단일하게 측정하고 실험하면서) 항상 더 빨리 전통에 의존하지 않은 채 검증 가능한 결과를 얻을 수 있습니다. 전통중립적으로만 현대의 기술은 성장하는 전통적 현실을 항상 더 빨리 인위적인 기능적 현실로 대체할 수 있습니다. 전통중립적으로만 현대의 경제는 자신의 산물을 항상 더 빨리 세계적인 무역 상품으로 만들 수 있습니다. 전통중립적인 의사소통체계를 통해서만 현대의 정보기술은 항상 더 빨리 정보를 지구적인 차원에서 알릴 수 있습니다. 현대의 진보적 세계는 중립화 세계입니다. 인간의 느림인 전승된 전통이 점점 더 방법적으로 중립화되면 될수록 진보는 더욱더 빨라집니다. 그래서 인간은 그의 시간의 유한성, 자신의 생의 짧음에 쫓겨 자신이 마땅히 되어야만 하는 바가 됩니다. 이 속도는 점점 더 빨라지게 되는데 이는 점점 더 빨라지는 인간이 점점 더 빨라지는 세계 속에 살아가야 하기 때문입니다.

당연히 빠른 세계는 우리에게 생활의 편리를 안겨 줍니다. 동시에 우리는 증가하는 진보의 속도에 맞춰 중립화된 것을 폐기하고 그것을 망각하거나 없애 버림으로써 항상 빨라져 가는 중립화 세계에서 그렇게 즐겁게 살아가지는 못합니다. 그렇기 때문에 우리는 망각의 사회, 폐기의 사회로 나아가는 현대의 중립화 세계의 변화속도를 항상 따라가지 못합니다. 시간의 비판자들 ── 우리의 비탄가들과 예언자 카산드라 ── 은 증가하는 분노의 속도에 맞춰 현대 세계를 비난합니다. 이들은 현대의 시민사회를 부정하는 경계병입니다. 한쪽 측면은 현대 사회의 빠름을 금지하려 하고 다른 쪽 측면은 느림을 금지하려 합니다. 짧은 시간 때문에 빠르게 '그리고' 느리게 살아야만 하는 인간은 두 측면으로 분열되어 있고, 그의 세계는 반쪽짜리 세계가 되고 그의 시간은 반쪽짜리 시간이 됩니다. 그렇기 때문에 한탄하는 반쪽짜리 이성의 비판을 위해, 즉 현대 세계와 현대적 인간을 일면적으로 지각하는 것을 피하기 위해서는, 가속화된 변화의 세계 속에서 빠른 인간뿐 아니라 느린 인간의 측면까지도 주목하는 것이 중요합니다. 저는 이를 다음 장에서 시도하겠습니다.

3. 보상적 느림

이는 인간의 시간적인 이중적 생의 다른 측면입니다. 인간은 생의 짧음에 제약되어 있고, 그의 시간은 유한하고, 그 시간에는 기한이 있습니다. 그렇기 때문에 인간은 동시에 느림을 강요받고 있습니다. 물론 현대 세계는 빠르게 변화하고 점점 더 빨라집니다. 이러한 항상 새롭고 항상 낯설게 되어 가는 빠른 세계 속에서도 인간은 (유한성 제약 때문에) 느려야 하고, 전승에 매여 있고, 친숙한 관계 속에서 살아가야 합니다. 어떻게 이것이 가능할 수 있을까요?

어떻게 느림을 빠름과 함께 가져가는지에 대한 의미 있는 사례는 어린아이들입니다. 아이들에게 현실은 너무나 새롭고 낯섭니다. 아이들은 확고한 친숙한 대상을 항상 어디서나 지니고 있는데 그것이 테디베어입니다. 아이들은 친숙함의 결여를 친숙한 대상의 지속적인 현전으로 보상받습니다. 이는 프로이트가 말했듯이 "징검다리 대상", 임시적 대상으로서의 테디베어입니다. 현대 사회는 변화를 가속화하고 항상 새로워져서 그 속에 사는 사람에게 낯설게 변화하게 됩니다. 이러한 현대 사회에서 어른들, 그중에서도 교양에 열심인 이들은 자신만의 테디베어인 고전을 필요로 하며 이를 항상 지니게 됩니다. 사람들이 이러한 고전을 지니는 이유는 이들이 고전에서 친숙함을 느끼기 때문입니다. 그래서 사람들은 해마다 괴테와 함께, 본에서는 베토벤, 연구할 때엔 하버마스, 동시대 문학을 할 때에는 라이히-라니츠키(Marcel Reich-Ranicki) 등등과 함께 하는 것입니다.

미래가 점점 더 빨리 현대적으로 우리에게 새롭고 낯설게 되면 될수록, 점점 더 우리는 테디베어와 같은 과거를 미래로 함께 가져가야만 하고, 이를 위해 더욱더 옛것을 배우고 보존해야 합니다. 현재는 이전의 어떤 시대보다 전승이 많이 망각되고 폐기됩니다. 하지만 현재는 또한 이전의 어떤 시대보다 더 많이 전승이 기억되고 존경의 자세로 보존됩니다. 폐기물 수집소의 시대는 동시에 숭배의 수집소의 시대입니다. 즉 현대는 박물관, 자연보호구역, 문화보호수단의 시대이며, 이러한 문화보호수단은 기념비 보존, 정신의 영역에서 옛 건물의 재정비, 생태학, 기억의 정신과학 등의 해석학입니다. 인간은 변화가 가속화되어 점점 더 비연속적이 되어 가는 현대 세계에서 특히 자신의 연속성을 보호해야만 합니다. 바로 여기서 역사적 감각이 탄생하며, 이는 현실의 변화 위에서 이러한 변화의 한계를 경험합니다. 내가 올바르게 보고 있다면 역사적 감각은 무엇보다 연속성, 느림에 대한 감각입니다. 이는 또한 미적인 감각이기도 합니다. 미적인 감각도 현대 세계에서 탄생했으며, 이는 현대 세계의 증가하는 빠름을 보상합니다. 현대 세계의 미적인 예술에서 결코 포기할 수 없는 새로움의 창안보다 더 중요한 것은 이 예술이 오랫동안 감성에 영향을 미치고 방향을 지시한다는 점입니다. 예술작품이 우리를 사로잡게 되면 우리는 이 작품에서 결코 벗어날 수 없거나 또는 매우 느리게 다시 벗어날 수 있습니다. 이처럼 가속도가 붙은 변화의 **빠른** 세계 속으로 인간이 필요로 하는 느림이 들어오게 됩니다. 무엇보다 현대의 **빠른** 합리화 과정을 위해 중립화되고 있는 전통 또한 현대 세계에서 반갑게도 다양하게, 다양한 형태로 —— 말하자면 다문화적으로 —— 개인에게 친근하게 현존하고 있습니다. 우리가 인정하는 것보다 더 전통은 훼손되지 않은 채 현존하고 있습니다. 전통 가운데 오래된 습관들은 특별한 장점을 지닙니다. 새로움의 **빠른** 속도를 지닌 세계에서 오래된 생활형식은 적어도 적응력을 지니는데, 왜냐하면 이들은 이미 오래되었기 때문입니다. 현대적 인간은 현대의 증가하는 **빠름**에도 불구하고 시간의 유한성과 생의 짧음에 제약되어 마땅히 그러해야 하는 바대로, 즉 느리게 살아갑니다. 왜냐하면 현대적 인간은 증가하는 **빠름**을 느림의 보존, 보존 문화를 통해 보상하기 때문입니다.

여기서 진보의 속도는 인간의 느림에 봉사할 수 있습니다. **빠른** 사람은 시간을 얻습니다. 이렇게 얻은 시간을 통해 그는 너무 빠르게만 사는 것이 아니라 느리게 살아갈 수 있도록 자신의 시간을 사용할 수 있습니다. 예를 들어 생산속도의 증가를 통한 노동

시간의 축소 — 일일, 주간, 연간, 전체 노동시간의 축소 — 는 현대적 인간에게 단순히 빠르게 사는 것이 아니라 동시에 느리게 살 기회도 제공하고 있습니다. 또한 현대 세계의 증가하는 낡아짐의 속도는 낡아짐 자체의 속도를 증가시킵니다. 최신의 것이 더 빠르게 낡은 것이 되면 될수록 낡은 것은 더욱더 빨리 최신의 것이 될 수 있습니다. 이미 조금은 살아 본 이는 이를 알고 있습니다. 그렇기 때문에 우리는 현대적인 시간의 흐름 속에서 그 속도가 더 빠르면 빠를수록 동시에 역사를 차분히 반추하면서 세계진행이 뒤에서부터 흘러와 최신의 것으로 우리에게 다시 오길 기다리게 됩니다. 아방가르드를 자처하는 이들은 잠정적으로 자주 최신으로 간주됩니다. 변화의 가속도에 기초를 두고 있는 현대에 느림이 시간의 최전선에 있게 될 기회가 자라나게 됩니다. 인간은 이렇게 빠르고 항상 빠르게 변화하는 현대적 시간 속에서 동시에 느리게 살아야만 하며, 이 빠름 때문에 그렇게 살 수 있습니다.

저는 시간의 유한성에 대한 고찰을 다음 마지막 장을 통해 마무리하고자 합니다.

4. 다시간성

인간은 그 시간적인 이중적 생 때문에 빠름과 느림을 동시적으로 강요받습니다. 이를 저는 첫 번째 장에서 암시했습니다. 두 번째 장에서 저는 현대적 인간이 점점 빠르게 산다는 점을 강조했습니다. 세 번째 장에서 저는 인간이 계속 느리게 산다는 점을 강조했습니다. 이를 통해 시간적 분열이 생겨나는데, 개별 인간은 이를 당면하게 됩니다. 여기서 시간적 분열은 제거되어선 안 되며 개별 인간은 이를 견뎌 내야 합니다. 이러한 시간적인 이중적 생은 악명 높은 회의주의자인 제가 '인생은 짧다'(*vita brevis*)란 명제를 통해 강조한 바와 같이 인간적 시간의 유한성, 기한 있음을 통해 강요됩니다.

인간의 시간적 유한성에 대한 이 명제는 인생 경험의 명제이고, 선험적이 아니라 경험적인 명제입니다. 이러한 명제에 골머리를 앓는 철학자들이 있습니다. 진짜 순수한 철학자여서 1781년 쾨니히스베르크 순수령에 따라 자신이 순수한 선험철학을 하고 있다면, 이러한 철학자들은 선험의존증 때문에 회의주의자에게 허용된 것을 해선 안 될 것입니다. 왜냐하면 회의주의자, 특히 생활경험에 대한 식욕이 왕성해 과체중인 뚱뚱한 나 같은 회의주의자는 경험적 명제, 생활경험의 명제를 자신의 철학적 원칙으로 삼아도 되기 때문입니다. 이 원칙은 바로 '생이 짧다'는 것입니다.

이 명제는 '인간이 시간적으로 결여된 존재'라는 다음의 인류학적 명제를 강화시킵니다. '인간은 시간적인 결여 존재이며 그의 시간적인 제1경험은 희소성의 경험이다.' 죽을 것을 모르는 이만이 이러한 시간적 결여를 느끼지 못합니다. 하지만 "죽음으로" "향해 가는" 인간은 자신의 시간이 희소하다고 경험합니다. 이에 대해 저는 지금까지의 논의에 이제 다음의 사항을 추가합니다. 시간이 희소하다고 경험하는 이유는 인간의 생이 단순히 짧기 때문이 아니라 무엇보다 누구나 세상에 태어나는 한 번뿐인 출생과 맞이해야 할 한 번뿐인 죽음 사이에서 오로지 한 번뿐인 생을 이 세계에서 살기 때문입니다. 누구나 오로지 한 번뿐인 생의 시간을 가집니다. 우리는 오로지 한 번만 살고 한 번의 생의 시간만을 가집니다. 그 시간의 짧음 때문이 아니라 생의 시간의 유일성 때문에 우리의 시간은 유한합니다.

확실히 나 자신만이 세계에 있는 것이 아닙니다. 각각의 개별자뿐만 아니라 타자들, 동료들(Mitmenschen)이 있으며, 이들은 여럿이기 때문에 여럿의 생과 여럿의 생의 시간을 가지고 있습니다. 또한 우리는 타자의 생과 생의 시간에 참여할 수 있으며 어떤 점에서는 이를 통해 이들의 생과 이들의 생의 시간을 공유하게 됩니다. 우리는 우리 생의 시간의 유일무이함에도 불구하고 많은 여럿의 생의 시간을 필요로 하기 때문에 우리의 동료를 필요로 합니다. 이들과의 소통은 우리의 시간결여를 보충하는 것으로서, 우리 생이 한 번뿐임에도 불구하고 여러 번 살 수 있는 기회를 제공하며, 우리 생이 한 번뿐임에도 불구하고 여럿의 생의 시간을 체험할 기회를 제공해 줍니다. 이러한 타인의 여럿의 생의 시간은 예를 들어 부분적으로는 나 자신의 생의 시간보다 먼저 시작하고, 부분적으로는 나의 생의 시간 이후에 끝나며 또는 나 자신의 생의 시간보다 먼저 시작해서 이보다 늦게 끝납니다. 이러한 타인의 생의 시간이 나의 생의 시간과 엮이게 되면 이는 나의 짧은 시간을 좀 더 확장시킵니다. 동료와 함께 하는 것은, 동료가 시간만 뺏는 시간 도둑이 아니라면(저는 공적인 강연에서 이렇게 할까 두렵긴 합니다), 우리가 현재 가진 것보다 더 많은 시간을 가질 가능성을 제공합니다. 왜냐하면 공유한 시간은 다양한 시간이기 때문입니다. 우리는 생의 복수화로서의 이러한 우리 생의 시간의 복수화를 필요로 합니다. 우리는 이를 우리의 동료로부터 얻는데, 이를 동료적 다시간성(die mitmenschliche Multitemporalität)이라 할 수 있습니다. 수많은 동료와 함께 시간을 보내는 자로서 시간을 공유하는(kotemporiert) 만큼 우리는 다양한 경험을 하게 됩니다. 이러한 다시간성은 인간성을 상승시킵니다. 제가 여기서 시도한 것처럼 우리가 시간을 구원의 시간 및 그의 대체물로부터, 그리고 세계 시간으로부터가 아니라 자신의 유한한 생의 시간으로부터 이해하는 한, 시간의 통일성(Einheit)보다 동료적 다시간성이 중요합니다.

사유의 결론으로, 저는 오늘 모임의 주최자인 한스 미하엘 바움가르트너(Hans Michael Baumgartner)가 제기했고, 자신의 초대편지에서 제기한 물음들을 다루고자 합니다. 이 편지에는 "다양한 시간 개념들"이란 표현이 있는데, 저는 이를 우리 동료의 수많은 생의 시간에 속하는 동료적 다시간성이라고 규정했습니다. 초대편지의 물음은 다음과 같습니다. "시간에 대한 논의가 시간 개념에 요구되는 통일적 의미를 유지해야 한다면, 다양한 시간 개념들 각각이 공통의 지반 위에서 근본적인 시간 표상을 지시하고 있는가? 만약 그렇다면 어떻게 지시할 수 있을까?" 그리고 "어떻게 '이러한 시간들의 시간'이 규정될 수 있을까?" 저는 강연에서 이 물음에 답변을 했습니까? 그렇지 않습니다. 철학적 강연이 아무리 공식적으로 이루어진다 해도 어떠한 물음도 열린 채로 그냥 두어선 안 된다는 규칙은 존재하지 않습니다. 주최자인 한스 미하엘 바움가르트너와 같은 선험철학자는 물음에 답변을 제시하는 것에 최선을 다하는 반면 저와 같은 회의주의자는 물음을 열린 채로 그냥 두는 것에 최선을 다합니다. 그래서 저는 반복하지만 시간의 통일성보다 동료적 다시간성이 더 중요하다고 주장합니다. 미하엘 그대가 나에게 던졌던 시간의 통일성, '시간들의 시간'에 관한 선험철학적인 중심 물음을 가지고 저는 지금 유희를 벌이고 있습니다. 이는 우리의 검증된 선험철학적이고 회의적인 이중적인 길입니다. 이제 저는 이 물음을 다시 그대에게 열린 채로 되돌려주고 싶습니다.

여러분, 여러분의 시간을 더 이상 뺏지 않기 위해 이러한 열린 물음으로 저는 강연을 마치려 합니다. 왜냐하면 오늘도 가고 있기 때문입니다. 시간은 유한하고 생은 짧습니다.

이성과 유머

'그래야만 해'에 대한 '그렇지'의 승리에 대하여

언급된 주제에 대한 저의 학문적 능력은 —— 이를 검증해 보겠지만 —— 너무나 불충분합니다. 칸트에 따르면 이 주제에 대해 하나의 강연을 하는 것은 그 자체로 충분한 이유가 있습니다. 더욱이 제가 오늘 다시금 여기서 집중하고자 하는 다음 물음은 매우 중요한 것처럼 보입니다. "현대 세계는 합리화의 시대, 이성의 시대로서 어떻게 동시에 유머의 시대가 될 수 있으며, 이는 무엇을 뜻하는가?" 이 물음과 관련하여 저는 여기서 이성과 유머의 관계를 다루고자 하며, 이를 위해 네 개의 장을 소개하면 다음과 같습니다.

1. 배제(Ausgrenzung)의 한계반응

2. 포함(Einbeziehung)의 한계반응

3. 합리화와 유머: 보상의 역사

4. '그래야만 해'에 대한 '그렇지'의 승리에 대하여

차례에 따라 첫 번째 장부터 저의 반성을 시작하겠습니다.

1. 배제의 한계반응

"한계반응"(Grenzreaktionen)이라는 표현은 헬무트 플레스너
(Helmuth Plessner)의 것입니다. 그는 이 개념을 인간적인 것, 너
무나 인간적인 것, 즉 웃음과 울음이라 규정합니다. 인간만이 웃
거나 웁니다. 인간은 관습, 기대지평, 일반적인 시각적 기대가 한
계에 부딪히고, 거북하지만 그럼에도 불구하고 한계를 넘어 존재
하는 사태를 인정할 수밖에 없는 강제 앞에 "굴복"함으로써 지금
까지 지켜 온 자신의 한계를 폐기할 때 웃거나 웁니다. 그래서 사
람들은 두 한계반응인 웃음과 울음을 "그래서 반응이 그렇구나"
라고 인정합니다. 이 반응은 그런 한에서 인식적이고 이성적입니
다. 이는 다음과 같은 추정을 낳습니다. 인간 이성은 일반적으로
인정되는 것보다 더 웃음 및 울음과 관계합니다. 이성은 측정, 계
산, 소유를 목표로 하는 정밀집착적이고 방법적으로 냉정하고 기
초적인 이성이 생각하는 것보다 더 울음과 관계합니다. 또한 이성
은 세계법정에서 지체없이 진지하게 일을 처리하려는 도덕적 분
개보다 더 웃음과 관계합니다. 그렇기 때문에 저는 여기서 '이성
은 웃어도 울어도 안 된다'는 명제를 '웃음과 울음은 이성의 범주

이다'는 명제로 대체하고자 합니다. 확실히 이성을 한계반응의 영역으로 이끄는 자는 이성을 기본적으로 한정된 것, 유한자와 엮습니다. 왜냐하면 편재적이지 않은 것은 유한하기 때문입니다. 즉 언제 어디에나 있는 것이 아니라 항상 타자와 엮여 있고 그래서 한계를 가지며, 특별한 경우, 특히 인간적인 경우에 이 한계로 인한 어려움 때문에 한계반응을 보이는 기회는 유한합니다. 저의 명제는 '이러한 한계반응에 유머의 웃음과 인간의 이성이 속한다'는 것입니다.

한편으로 이성은 한계를 긋고 배제한다는 의미에서 이러한 한계반응에 속합니다. 이런 의미에 따르면 철학, 시간, 세계에 이성적인 것이란 비이성적인 것, 이성이 원하지 않는 것, 금기대상, 억압된 것을 보여 줌으로써 드러나게 됩니다. 이성은 배제했고, 배제하고 있습니다. 자신에게 맞지 않는 현실을 현실 아닌 것으로, 즉 등급 낮은 현실 또는 아무것도 아닌 것으로 바꿔 표현함으로써 이성은 배제합니다. 즉 이성은 영원한 것을 목표로 하면서 시간적인 것, 머무는 것을 목표로 하면서 가변적인 것, 무한한 것을 목표로 하면서 유한한 것, 정신적인 것을 목표로 하면서 감각적인 것, 필연적인 것을 목표로 하면서 우연적인 것, 보편적인 것을 목표로 하면서 개별적인 것, 합리적인 것을 목표로 하면서 감성적인 것, 의심할 수 없는 것을 목표로 하면서 "우리가 의심할 수 있는" 것, 무제약적인 것을 목표로 하면서 단순히 사실적이고 역사적인 것을 점점 더 극단적으로 배제했고, 배제하고 있습니다.

그렇기 때문에 이러한 배제를 통해 이성을 분명하게 정의하려는 시도가 있어 왔습니다. 제가 기억하기에 미셸 푸코(Michel Foucault)는 거의 40년 전 콜레주 드 프랑스에서 한 교수취임강연 『담론의 질서』(L'ordre du discours)에서 자신의 연구계획을 요약하여 제시하면서, 담론, 로고스, 인간에 대한 논의, 그의 합리적인 교육과 관련하여 "배제과정", 즉 미침, 성, 비좌표적인 것의 금지, 억압, 배제가 이성적 담론 질서의 구성기제라고 설명했습니다. 즉 이성은 배제를 통해 자신을 구성합니다. 내가 올바르게 보고 있다면 이는 거의 80년 전 하이데거가 프라이부르크 대학 교수취임강연 『형이상학이란 무엇인가?』(Was ist Metaphysik?)에서 제시한 특수하고 더 자세한 버전과 동일한 프로그램입니다. 이에 따르면 이성은 학문적이며, 전통적으로는 형이상학적인데, 이는 "존재자 이외의 다른 것을" 의도하지 않습니다. 이성이 배제한 바로 "다른 것"을 이성은 "무"라고 규정합니다. 하이데거에 따르면 우리는 서구 이성의 그리스적 형이상학 이후로 계속 진행된 이러한 배제작업을 정말로 이해해야만 합니다. 우리는 이성이 어떠한 소수의 사실들에만 "있다"라는 술어를 부여하면서 이들을 이성적인 것으로 특권화했는지를 이해하기 위해 이성이 망각하고 억압하면서 "있다"는 술어를 어떤 실재들에게 부여하지 않았는지를 고찰해야 합니다. 배제된 차원은 하이데거에 따르면 시간의 유한성의 차원입니다(무엇보다 각자의 미래는 그의 죽음이고 그래서 어느 누구도 자신의 유래와 임의로 거리를 둘 수가 없습니다). 시간이 단순히 현재의 릴레이 경주에 불과하고, 존재자가 오로지 근본적으로 현재적인 것으로만 간주되는 곳에서는 이러한 시간의 유한성의 차원이 망각됩니다. 하지만 이는 과거 형이상학과 학문의 전통에서는 항상 그러했습니다. 즉 서구 이성은 시간의 영역에서는 현재라는 국가권력이었습니다. 그래서 하이데거와 푸코의 주장은 다음처럼 강조합니다. 서구 전통의 이성은 점점 더 극단적으로 배제했고 배제하고 있습니다. 이성은 배제라는 한계반응으로만 자신을 정의합니다.

2. 포함의 한계반응

하지만 이러한 기본 가정은 제가 보기에 결점투성이이고 반박될 수 있습니다. 왜냐하면 한계반응으로서의 이성은 대부분 자신이 배제하는 지점이 아니라 오히려 자신이 배제할 수 없는 지점에서 자신을 드러내기 때문입니다. 즉 이성은 자신에게 맞지 않는 것을 거부하고 억압하는 지점이 아니라 오히려 이를 포함할 준비가 되어 있고 이를 할 수 있는 지점에서 드러납니다. 즉 이성이 한계를 긋고 이를 통해 현실을 배제하는 지점이 아니라 이성이 한계를 열고 추가적인 현실을 포함시키는 지점에서 드러납니다. 즉 이성이 공식적으로 타당한 것을 아무것도 아닌 것으로 밝히고, 공식적으로 아무것도 아니었던 것을 타당한 것으로 드러내는 지점에서 그러합니다. 이성은 배제하는 한계반응일 뿐 아니라 무엇보다 포함하는 한계반응입니다. 이성은 단순히 배제하는 이성이 아니라 오히려 포함하는 이성입니다.

저는 이러한 포함하는 이성을 그것의 가장 구체적인 형식이자 한계반응인 웃음에서 찾고 발견하는 것이 의미 있고 필요하다고 생각합니다. 웃음에서도 두 가지 한계반응, 한계 긋기와 한계 열기, 배제와 포함이 일어납니다. 여기서 배제가 아니라 포함이 바로 유머의 웃음입니다. 저의 철학 스승인 요아힘 리터(Joachim Ritter)는 「웃음에 관하여」란 논문에서 다음을 보여 줬습니다. 공식적으로 지배적이고 유효한 현실이 다른 현실들을 배제하고 아무것도 아닌 것으로 판정함에도 불구하고, 공식적으로 아무것도 아닌 것으로 판정된 것이 오히려 우리 현실로 밝혀질 때 웃음이 생겨납니다. 리터에 따르면 웃음은 "우리가 진지한 태도로 어떤 타자를 배제하는 생활현실에서 이 타자가 배제되는 것이 아니라는 것을 알게 하는 고유의 기능"을 가집니다. "여기서 이 웃음이 진지한 세계와 그 질서에 대한 비판이라는 심오한 의미를 담고 있는지 혹은 생의 풍부함에의 기쁨, 무의미, 비지성의 권리에 대한 생동적인 기쁨에서 나오는 것인지는 중요하지 않다." 웃음은 공식적으로 타당한 것의 영역에서 아직도 무시되고 있는 것을 인정합니다. 웃음은 공식적으로 아무것도 아닌 것에서 유효한 것을, 그래서 공식적으로 타당한 것을 아무것도 아닌 것으로 드러냅니다. 웃음은 한계반응으로서 배제를 강화하거나 또는 배제를 약화시킵니다. 냉소(Auslachen)는 한계를 긋고 현실을 조롱하면서 배제합니다(weglacht). 이에 반해 유머의 웃음, 자기 자신에 대한 웃음은 자신과의 거리를 유지한 채 한계를 열어젖히며 이를 통해 새로운 현실에 미소를 보냅니다(anlacht). 여기서 유머, 유머의 웃음은 "배제하는 것과 배제된 것의 동일성을 세운다". 배제된 것은 또한 포함되어 있는 것입니다.

볼프강 프라이젠단츠(Wolfgang Preisendanz)가 1970년에 행한 교수취임강연 「위트에 관하여」에서 보여 준 바와 같이 "암시"(Anspielung)를 통한 포함이 이에 속합니다. 이러한 주장의 전제는 다음과 같습니다. 우리 인간은 항상 다층적 실존을, 적어도 이중의 생을 삽니다. 우리는 공식적인 세계와 비공식적인 세계에서 실존하며, 유머와 같이 위트는 공식적인 세계에서 비공식적인 세계를 현재화합니다. 제가 보기에 이에 대한 가장 인상 깊고 적절한 아름다운 사례는 1966년 하이데거 독일철학회의에서 열정적으로 구두로 회자된 닐스 보어 일화(Niels-Bohr-Anekdote)입니다. 이 덴마크 물리학자의 스키별장에 한 방문객이 찾아왔습니다. 방문객의 시선은 대문 위에 걸쳐진 말굽으로 향했습니다. 그는 놀라 보어에게 물었습니다. "당신은 자연과학자이면서 이것을 믿습니까?" 이에 대해 보어는 주저 없이 "당연히 저는 그것을 믿지 않습니다. 하지만 사람들은 믿지 않는다 해도 말굽이 작용하니 걸어 두라고 했습니다." 우리는 공식적으로는 말굽을 믿지 않는 해방된 세계에 살고 있으면서도 동시에 비공식적으로는 예를 들어 말굽의 효력을 믿는 전통적 세계에 살고 있습니다. 웃음과 유머가 이를 확증합니다. 이들은 배제하는 것과 아울러 배제된 것이 서로 포함되어 있음을 보여 줍니다. 근저에는 현대 세계의 분열이 놓여 있습니다. 합리화와 역사적인 생활세계로 나뉜 현대적 분열의 조건 하에서 포함하는 이성과 그것의 극단적인 형식인 유머는 우리가 이 두 세계에서 살고 있음을 보여 줍니다. 유머는 포함하는 이성처럼 일종의 세계 혼합을 시도하며, 이는 분열을 양성화합니다. 그래야 우리는 분열 속에서 살아갈 수 있습니다. 그래서 리터에 따르면 "우리의 세계에서 철학적으로, 유머, 웃음이라는 현상은 일정한 의미를 지니는데, 이를 통해 웃음은 세계에 대한 철학적 중심점이 […] 됩니다". 유머는 포함하는 이성으로서 배제를 문제 삼으며 이를 통해 배제된 것를 복원하는 형식, 즉 포함하는 이성의 형식입니다.

이제 저는 현대 세계에서 배제하는 이성과 포함하는 이성의 일치를 강조해야만 합니다. 이는 다음 장에서 시도됩니다.

3. 합리화와 유머: 보상의 역사

최근 리처드 로티(Richard Rorty)는 현대적인 "중심 없는 문화"에 대한 반성에서 밀란 쿤데라(Milan Kundera)를 언급했습니다. 쿤데라는 1986년 에세이 『소설의 기술』에서 다음을 강조했습니다. 그 "위기"는 에드문트 후설(Edmund Heusserl)이 1936년 현상학적으로 논의한 바 있는 "유럽 학문"의 현대적인 성공사 옆에 "모든 예술 중 가장 유럽적인" 소설이라는 이야기 기술의 승리라는 역사가 평행적으로 존재한다는 것입니다. 갈릴레이, 데카르트, 뉴턴, 아인슈타인과 함께 라블레(François Rabelais), 세르반테스(Miguel de Cervantes Saavedra), 스턴(Laurence Sterne), 디킨스(Charles Dickens), 톨스토이(Lev Tolstoy), 플로베르(Gustave Flaubert), 고트프리트 켈러(Gottfried Keller), 빌헬름 라베(Wilhelm Raabe), 테오도어 폰타네(Theodor Fontane)가 있습니다. 19세기에는 볼프강 프라이젠단츠가 연구한 "시적 리얼리즘"과 "서사적 유머"의 독일 소설가들이 있었습니다. 쿤데라는 프라이젠단츠의 연구결과를 다음의 명제를 통해 확증하고 강화합니다. 현대적인 합리화의 역사에 대해 현대 소설의 역사, 쿤데라가 언급하듯이 "개인들의 상상적인 천국"의 역사가 존재하며, 이 천국이라는 애매함과 상대성의 세계에서는 "그 누구도 진리의 독점적 소유자"가 아닙니다. 여기의 개인은 합리성의 정신이 아니라 그가 글자 그대로 표현하듯이 "유머의 정신"에서 태어납니다.

보상이론가라고 각인되고 세계정신에 역주행한다고 간주되는 저는 이러한 현대적인 평행 역사를 보상의 역사라고 파악합니다. 이는 몇몇 사람들의 화를 돋우는 단점이 있긴 하지만 감내할 수 있는 적확성이라는 장점 또한 존재합니다. 현대 세계는 합리화의 시대로서 폐기의 시대, 배제의 시대이기도 합니다. 이러한 현대 세계에 인간은 엄밀한 과학적, 기술적, 경제적, 정보통신적인 합리화를 통해 현실을 노동 가능한 대상이자 계획 가능한 행위들로 바꿨습니다. 이는 어떠한 생활세계적, 언어적, 종교적, 문화적, 가족적인 전통과 역사 문맥 속에 이러한 지식전문가와 실현전문가, 지식과 실현이 놓여 있는지의 문제가 의도적으로 — "방법적으로" — 아무런 상관이 없어진 곳에서만 가능합니다. 현대적인 합리화는 생활세계적 역사의 의식적인 중립화로 인해 가능하며, 그런 한에서 "비역사적"입니다. 하지만 생활세계적 역사는 괄

호 속에 갇히게 되면서도 이를 통해 사라지는 것이 아니라 새로운 기관을 찾아 나서며, 보상적으로 다시 확고해집니다. 바로 현대에 생활세계적 역사에 대한 역사적 감각은 성공적인 성과를 얻게 됩니다. 역사적인 것은 이제 이전에는 볼 수 없었을 정도로 커다란 현재적 주제가 됩니다. 특수하게 현대적인 기억문화와 보존문화가 꽃피게 됩니다. 풍경과 자연에 대한 감각은 보존적이고 생태학적인 수단을 통해, 정신의 영역에선 옛 건물의 복원으로서의 해석학을 통해, 역사적인 정신과학과 앞뒤로의 역사적 탐구의 경향을 통해 활성화됩니다. 새로움의 추구를 가속화하는 진보이념은 보상적 느림에 대한 추구, 거부문화와 연속성 문화에 대한 추구를 필요로 합니다. 진보의 세계는 — 보상적으로 — 역사에 대한 갈구를 필요로 합니다. 소설의 이야기하는 기술의 승리가 바로 이에 해당합니다. 이를 통해 단순히 "역사"(history)가 아니라 "이야기"(story)가 퍼집니다('이야기는 필수적이다'*narrare necesse est*).

이러한 역사의 현대적인 부상에 유머의 중요성 획득이 속하며, 이 점이 우리의 중심주제입니다. 하필이면 왜 유머가 중요성을 획득했을까요?

첫 번째로 유머를 통해 우리는 구체적이고 특수하고 사실적이고 일상적인 현실 —— 사소함 만세!(vive la bagatelle. 장 파울Jean Paul) —— 을 그 부차적인 상세에 이르기까지 관여하게 되고 유한자의 다채로움에 빠지게 됩니다. 이는 독일에서는 시간적으로는 칸트의 의무론과 독일 관념론의 사변, "예술시기"의 문학의 각성에 대한 환멸 이후 등장한 "리얼리즘" 소설의 대상입니다. 소설은 생활세계적 역사를 그 세계의 현실에서 포착하기 위해 이러한 역사의 실재성을 그 사실성, 구체성, 유한성에서 파헤칩니다.

두 번째로 유머는 인간 자신이기도 한 현실 자체와의 거리를 유지합니다. 사람들은 접하는 현실에 거리를 두게 됩니다. 여기서 유머는 거리두기의 생활형식입니다. 유머라는 특수한 형식을 현대적 현실에 속하는 반어와 구별하는 것은 우리 논의에서 중요합니다. 반어에는 특히 낭만적 반어가 있고 다른 형식으로는 키르케고르의 반어가, 그리고 저의 시대진단 능력이 맞다면 2차 세계대전 이후 현대 세계를 움직인 반어형식이 존재합니다. 마지막 형식은 리처드 로티의 반어철학으로서 그는 반어를 우연과 동일시했습니다. 저 스스로 매우 동감하고 있는 로티의 반어철학을 저는 여기서 제외하고 싶습니다. 왜냐하면 이는 뭔가 다른 것이기 때문이며, 그래서 저는 이것을 여기서 논의하고 싶지 않습니다. 낭만적 반어의 가장 예리한 비판가인 헤겔은 다음처럼 말합니다. "천재적이고 신적인 반어를 슐레겔이 발명했다." 프리드리히 슐레겔(Friedrich Schlegel)은 말하기를 "반어는 모든 면허증 중 가장 자유로운 면허증이다. 왜냐하면 반어를 통해 사람들은 자신을 넘어

서기 때문이다." 헤겔은 이를 "객관성의 자기의식적 부정"이라고 명명합니다. 이는 말하자면 보호형식입니다. 반어가는 구체적인 실재화라는 과제를 떠안으려 하지 않으며, 낭만적 반어가는 어떤 무언가로 굳어지는 것, 실재화 자체를 피하려 합니다. 이를 "반어의 명장"인 키르케고르는 다른 방식으로 합니다. 그는 자신에게 가장 진지한 대상인 신에 대해 "간접적인 알림방식"으로 씁니다. 그는 독자와 자신을 신으로부터 보호하기 위해 진지함의 형식이 아니라 그 반대, 즉 농담의 형식으로 씁니다. 왜냐하면 반어는 무언가를 그 반대로 이야기하는 것이기 때문입니다. 키르케고르는 "그냥 존재하는 대신 시를 썼고", "그의 현실은 단순히 가능성"입니다. 그는 신에 대해 익명으로 쓰고는 자신이 쓴 것을 바로 부인했습니다. 즉 반어가는 믿음을 거부하고 가족, 교회, 관청 등 모든 것을 부정하는 것처럼 보입니다. 그는 "사도"를 "천재"로 대체했습니다. 그래서 그는 자신의 독자와 자신을 신으로부터 보호했습니다. 반어는 자기보호이며, 반어가는 현실로부터 괴롭힘을 당하길 원치 않습니다. 그렇기 때문에 현실에 대한 자기보호로서 반어는 2차 세계대전 이후 기초적인 정조(Grundstimmung)가 되었습니다. 하지만 이에 대해서는 제가 여기서 말한 것만으로는 부족합니다. 반어는 절대자이길 원합니다. 반어는 전체 현실을 상대화시키고, 그 의무를 부정하고 현실을 진지하지 않은 것으로 만드는데, 이것이 바로 현실로부터의 보호입니다. 반어는 스스로 절대자가 됨으로써 현실로부터 피신합니다. 그래서 반어는 반어이지 유머가 아닙니다.

세 번째로 저는 이를 특별히 중요하다고 생각하는데, 유머의 현실과의 거리는 높은 차원으로의 도약, 절대자로의 함몰을 통해 생겨나는 것이 아닙니다. 이런 경우는 현실이 숭고로의 발판 또는 구원이라는 결과로 끝나는 전체 역사의 계기로서 최종적인 구원결의를 통해 실현될 것입니다. 오히려 유머의 현실과의 거리는 강화되는데, 왜냐하면 존재하는 것은 그냥 그렇게 존재하기 때문입니다. 말하자면 절대적이지 않은 것, 고차적이지 않은 것, 유한한 것은 유한한 것 사이에 존재합니다. 우리는 비(非)유한자 또는 절대자를 통해 유한자와 거리를 두는 것이 아니라 바로 유한자를 통해 그렇게 합니다. 그래서 유머, 유머의 이야기는 — 볼프강 프라이젠단츠와 유머가 보여 주고 있듯이 — 그 자신이기도 한 유한자를 수많은 다른 유한자와 연결시킵니다. 유머는 빌헬름 라베(Wilhelm Raabe)의 멋진 표현에 따르면 "벽이나 고상한 대중의 머리에 아주 작은 못을" 박아 "거기에 시대와 과거의 전체 목록을" 걸어야 합니다. 리얼리즘 소설은 그 이야기 방식에 있어 제가 보기에 현실을 의인화해서 읽는 전통이 현대적이고 세속화된 형식으로 계속 이어진 결과입니다. 에리히 아우어바흐(Erich

Auerbach)는 성경의 고난사의 이야기적 필연성이 리얼리즘의 원천이라고 하면서 자신의 양식혼합명제를 주장합니다. 유한자는 자신이 유한자이길 중지함을 통해서가 아니라 유한자임을 강화함으로써 인간적인 것이 됩니다. 유한자는 무한자를 통해서가 아니라 다른 유한자를 통해 유머적으로 거리를 가지게 되고, 말하자면 가능한 많은 유한자와의 관계 맺음을 통해, 즉 이들에 의해 상호 공유됨으로써 그렇게 됩니다. 서로 공유된 유한성은 살아볼만한 유한성입니다. 유머의 비밀은 반환원주의라는 것, 비절대자를 보고 받아들이는 것, 유한성을 그대로 내세우고 이를 실현하는 것입니다. 현실의 진리는 삶이 짧으며 우리가 죽어야 한다는 것입니다.

강연의 세 번째 절에서 펼친 저의 반성은 다음의 보상관계를 지지합니다. 이성이 제외, 배제하는 이성으로서 생활세계적 역사를 중립화함으로써 성공을 얻은 현대적 합리화는 그 보상으로 바로 생활세계적 역사를 포함하는 기관을 현대적 시대에 설립할 수밖에 없습니다. 여기서 유머를 포함하는 리얼리즘 소설이 대표적으로 이에 속합니다. 그렇기 때문에 현대 세계는 합리화의 시대이면서 동시에 보상적으로 리얼리즘 소설의 시대이자 유머의 시대가 됩니다. 마지막 절은 이 내용을 설명하게 될 것입니다.

4. '그래야만 해'에 대한 '그렇지'의 승리에 대하여

콘스탄츠 대학의 문학사가인 볼프강 프라이젠단츠는 1963년에 발간된 책 『시적 상상력으로서의 유머』(*Humor als dichterische Einbildungskraft*)에서 주제와 관련한 문학이론적 핵심문제를 다음의 물음으로 표현했습니다. "어떻게 현대 소설은 '리얼리즘적'이면서 동시에 '시적'일 수 있을까?" 소설은 현실과 사실을 다루면서도 어떻게 객관적인 사실보도와 구별될 수 있을까? 소설은 합리화를 통해 제외된 생활세계적 역사들을 현실로 파악하기 때문에 "리얼리즘적"이 되었습니다. 하지만 소설은 "시적"이었는데, 왜냐하면 소설은 현대적인 현실의 "탈마법화"(막스 베버)를 "미적인" 마법화로 균형을 맞추면서 유머화되었기 때문입니다. 유머는 리얼리즘적 소설을 시로 만듭니다. 여기서 저의 마지막 명제를 강조하여 제시하자면 이러한 시적 활동, 경감의 기능을 유머는 단순히 "시적인 경감"의 기능을 통해서가 아니라 포함하는 이성의 인식적 활동과의 구조적 동일성을 통해 수행할 수가 있습니다. 유머와 포함하는 이성은 모두 포함, 즉 '그래서 반응이 그렇구나'라는 한계반응입니다.

　이 명제는 피할 수 없는 물음에 대한 답변입니다. 즉 유머가 자신의 화해기능, 변용시키는 결과, 경감과 즐거움의 이득을 얻는데, 이는 주어진 현실을 더 상위의 현실 또는 절대자 속에 폐기함을 통해서 얻는 것이 아니라면 도대체 무엇을 통해서일까요? 나는 유머의 경감기능이 ─ 포함하는 이성의 '그래서 결과가 그렇구나'의 경우처럼, 둘 모두가 현실을 부정하는 비용을 줄임을 통해서 가능하다고 생각합니다. 포함하는 이성과 유머는 '그래야만 해'에 대한 '그렇지'의 승리를 통해 즐거움을 줍니다. 둘은 현실 회피의 노력을 최소화합니다. 즉 미래의 행위 목적을 위해 환상의 현실을 구성하는 노력의 필요를 최소화합니다. 환상의 현실 지각을 미리 정해 놓는 시각방식의 생성과 조정을 위한 비용이 사라지게 되고, 현실은 환상 비용을 요구하지 않은 채 있는 그대로 자신을 내보이게 됩니다. 픽션은 안티픽션을 위해 물러서게 됩니다. 포함하는 이성과 유머는 '그래서 반응이 그렇구나'로서 더 이상 현실을 있는 그대로 지각하는 것을 거부하지 않습니다. 이들은 현실에 등을 돌리려는 노력을 포기합니다. 유머와 포함하는 이성이 주는 가벼워지는 결과, 기쁨, 행복감의 성취는 우리가 그냥 '그렇구나'라고 말할 수 있고 말해도 되는 것과 연관이 있습니다. 그래서 합리성의 배제수행과 함께 현대 세계에서는 유머의 승리가 돋보입니다.

늙은 한 남자가 진행하고 있는 이 강연은 거의 끝나가고 있습니다. 마지막으로 한 가지 내용을 소개하는 것이 허락될 것입니다. 늙음은 바로 이러한 '그래야만 해'에 대한 '그렇지'의 승리입니다. 늙음은 포함하는 이성과 유머가 지배하는 생의 시간입니다. 왜냐하면 늙으면 모두에게 가장 확실한 미래인 죽음이 항상 임박해 있기 때문입니다. 죽음은 늙은 우리가 적어도 지금의 생에서는 항상 더 적은 미래를 기대할 수밖에 없고, 궁극적으로는 어떠한 미래도 가질 수 없다고 선언해 버립니다. 그렇기 때문에 늙으면 미래 순응, 즉 올바른 미래(future-correctness)라는 개념으로 탄생하는 그러한 환상이 쓸데없어지며 사라질 수 있게 됩니다. 있는 그대로 보고 인정하는 것은 이성과 유머를 통해서입니다. 이성과 유머는 '그렇지-라고-말할-수-있음'입니다. 이성은 더 이상 할 수 있는 게 없을 때 우리가 붙잡는 것이며, 유머는 더 이상 웃을 일이 없을 때 웃는 것입니다. 이는 가까이 오고 있는 죽음 앞에서의 늙음의 상황입니다. 우리가 그럼에도 불구하고 사유할 때 이는 이성적이며, 우리가 그럼에도 불구하고 웃을 때 이것이 유머입니다. "우리가 그럼에도 불구하고 웃을 때 이것이 유머다"라는 잘 알려지고 인상 깊은 유머-공식은 많은 사람들이 생각하는 바에 따르면 빌헬름 부슈(Wilhelm Busch)의 표현입니다. 이는 불확실입니다. 하지만 어느 누구도 누가 이 공식을 최초로 발명했는지 명확히 알지 못합니다. 나도 모릅니다. 비밀스런 고전인 빌헬름 부슈가 이처럼 잘 알려진 유머 공식의 원천이라면 그의 시「새 한 마리」

가 아교에 붙어 버렸다」 또한 ── 시에 등장하는 새가 늙음이고 고양이가 죽음이라고 한다면 ── 늙음에 대한 표현으로 볼 수 있을 것입니다. 나는 이 시를 읽으면서 강연을 마치고자 합니다.

새 한 마리가 아교에 붙어 버렸다.

새는 파닥거리지만 집으로 돌아갈 수 없다.

검은 고양이가 슬금슬금 기어오고

발톱은 사납고, 눈은 빛난다.

나무를 타고 계속 위로

고양이는 불쌍한 새에게 다가간다.

새는 생각한다. 그러하기 때문에,

그리고 고양이가 나를 잡아먹을 것이기 때문에,

그래서 나는 조금의 시간도 잃어버리고 싶지 않고

조금이라도 더 지저귀고 싶다.

전처럼 즐겁게 휘파람도 불고 싶다.

내가 보기에 새는 유머가 있다.

미래가 줄어드는 생애 구간에 대하여[1]

어떤 것도 도움을 주지 못합니다. 저는 여기서 늙은이에 속합니다. 우리가 늙음이 이제 도래할 것으로 기대하는 것이 아니라 이미 온 것이라고 한다면, 늙음은 무자비합니다. 늙음은 약간의, 종종 강한, 종종 즐거운 그러한 우울이 찾아오는 생애 구간입니다. 늙음은 늙음에 대해 반성을 하게 합니다. 그래서 마르쿠스 툴리우스 키케로(Marcus Tullius Cicero)의 『노년에 관하여』(*De senectute*), 후에는 1969년 요아힘 리터의 「비참과 행복으로서의 늙음」과 같은 글이 있습니다. 저는 여기서 늙음에 대한 생각을 펼칠 것입니다. 여기서 학자는 강연에서 항상 새로운 것만을 말해야 하는 반면 시인은 자신이 이미 오래전에 쓰고 발표한 것을 읽

---

1 "늙음의 무자비함"(Radikalitat des Alters)에 대한 2006년 언어와 시를 위한 독일 아카데미 가을 총회에서 10월 19일 행한 강연.

어도 되고 이를 계속적으로 반복할 수 있고 해도 된다는 선입견을 저는 옳다고 여기지 않습니다. 학자와 철학자도 시인처럼 종종 그럴 수 있습니다. 저도 여기서 — 늙음에 맞게 — '다시 읽기'를 해볼까 합니다. 저는 오랫동안 살아왔고 여기서 비이성적인 글만 써온 것은 아닙니다. 그렇지 않다면 저는 이 아카데미에 오지도 못했을 것입니다. 저는 여기서 낡은 것과 새로운 것을 혼합하려 합니다. 저는 저의 옛 글을 읽고 여기서 새로운 것을 추가할 것이며, 여러분들이 이러한 저를 나쁘게 여기지 않았으면 좋겠습니다. 그래서 저는 늙음이라는 짐이 경감을 통해 풀어지고 보상될 수 있는지, 어떻게 그럴 수 있는지에 대한 반성을 하고자 합니다. 여기서 저는 무엇보다 늙음의 이론능력[2]이라 부르는 경감을 생각하고자 합니다.

여기서 이론은 있는 그대로 보고 말하는 것을 의미합니다. 이론능력은 환영 없이 있는 그대로 보고 말하는 능력입니다. 저의 명제는 '늙은이는 특별한 정도로 이론능력을 가진다'입니다. 왜냐하면 적어도 늙으면 미래순응주의를 통해 생겨나는 환영이 종말을 맞기 때문입니다.

---

2 Odo Marquard, "Theoriefähigkeit des Alters", *Philosophie des Stattdessen*, Reclam: Stuttgart, 2000, S. 135~139 참조.

우리의 가장 확실한 미래는 우리의 죽음입니다. 늙으면 이러한 미래가 항상 임박해 있습니다. 하지만 죽음은 다가오는 미래로서 우리가 미래를 더 많이 가지고 있지 않다고 선언해 버립니다. 미래가 축소되는 생애 구간으로서 늙음의 단계에서는 미래가 점점 사라지는 통에 우리가 미래에 대한 환영을 발전시키고 유지하는 것은 어렵습니다.

미래에 대한 환영 중 하나가 끝없음의 환영입니다. 시간은 끝없이 이어지고 시간이 지나간 곳에는 항상 다시금 새로운 시간이 온다는 것입니다. 이는 환영입니다. 왜냐하면 죽음의 임박기간을 생각해 보면 미래는 유한하기 때문입니다. "짧은 시간"이라고 하랄트 바인리히(Harald Weinrich)는 말합니다. 우리는 곧 어떠한 시간도, 어떠한 미래도 더 이상 가지지 못할 것입니다.

다른 미래의 환영은 완성의 환영입니다. 이에 따르면 우리의 시간은 작품의 완성을 위한, 우리 생의 완성을 위한, 인간역사의 완성을 위한 시간입니다. 이것도 환영입니다. 왜냐하면 우리는 곧 완성에 대한 고려 없이 끝에 다다르기 때문입니다. 우리의 사멸성은 우리의 유한성을 선언해 버립니다. 우리의 죽음은 우리의 목표보다 강력합니다. 바로 늙음이 이를 명백히 보여 줍니다. 바로 완성의 환영은 지각과 말하기가 미래적 완성에 도움이 되도록 이들을 사용합니다. 생애 동안 우리는 미래적 낙관주의, 미래전략적인 순응, 올바른 미래(future correctness)라는 개념을 통해 미래를 바라봅니다. 사람들은 완성하는 가운데 닥쳐올 위험에서 어떻게 벗어나며 행위 능력을 보존할 것인지, 무엇이 미래를 불쾌하지 않게 만들어 (우리 자신을 포함하여) 많은 사람들에게 해가 가지 않게 하는지를 지각하고 말합니다. 그렇기 때문에 현실에 대한 우리의 시선은 환영을 담고 있고, 환영에 빠지기 쉽습니다. 왜냐하면 이 시선은 우리의 미래에 매수될 수 있기 때문입니다. 이러한 매수는 깊어 가는 늙음을 통해 사라지기 마련입니다. 왜냐하면 우리는 항상 더 적은 미래를 가지게 되고 궁극적으로 목표가 아닌 종말, 죽음에 다다르기 때문입니다.

그래서 늙음은 이론을 포함합니다. 이론은 항상 더 적은 미래만을 고려해야 합니다. 그렇기 때문에 이론은 항상 존재하는 것을, 무엇보다 불편한 것을 거침없이 보고 말할 수 있어야 합니다.

이론 — 또한 늙음의 이론 — 은 웃음과 유사합니다. 왜냐하면 이론은 웃음처럼 현실 앞에서 편협했던 자신의 굴복이며, '그래야만 해'에 대한 '그렇지'의 승리이기 때문입니다. 미래순응적인 편협함이 굴복하게 되는 이러한 늙음은 "한계반응"(플레스너)이자 일종의 웃음의 집합입니다. 왜냐하면 늙음은 생이 죽음으로 바뀌는 것으로서 — 칸트에 따르면 웃음처럼 — "긴장된 기대가 무로 변화하는 것"이기 때문입니다. 웃음과 늙음은 공식적인 세계의 한계를 넘어섬이며, 일종의 이민입니다. 그렇기 때문에 웃음의 능력은 ─ 늙음의 이론능력처럼 ─ 교육과 관련이 있습니다. 왜냐하면 교육은 이민능력의 보증이기 때문입니다. 아무것도 더 이상 원하지 않는 자는 이에 대한 보상으로 많은 것을 볼 능력을 얻게 됩니다. 사람들은 더 이상 생활의 필요와 행위의 필요의 관습에 따를 필요가 없으며, 미래에 해야 할 것에 복종할 필요가 없습니다. 이론은 더 이상 해야 할 것이 없을 때 사람들이 할 수 있는 것입니다. 늙음은 미래가 점점 줄어드는 시점으로서 항상 더 적게, 그리고 결국 아무것도 해야 할 것이 없는 생애 구간입니다. 그렇기 때문에 이론은 늙음에 속합니다. 늙음은 특별한 정도의 이론능력을 가집니다.

저는 늙음의 이론능력 ─ 환영의 거부 ─ 이 위험에 처하지 않을 것이라고 단언하지는 않습니다. 위험은 무엇보다 매우 매력적인 형태인 손자를 통해 다가옵니다. 늙은이는 어린아이의 미래에 참여하길 원하며 이들과 한 번 더 모든 것을 하고 싶어합니다. 그래서 할아버지와 손자 사이에는 세대를 뛰어넘는 우정이 생기며, 이는 부모의 현실원칙에 짐이 되기도 합니다. 나중에 손자는 향수에 젖어 할아버지가 해준 역할, 즉 자신의 미래에 참여하고자 한 시도로서 손자를 응석받이로 키운 것에 대해 할아버지에게 감사하게 됩니다. 손자를 응석받이로 만들기 위해 할아버지는 부모의 최소한의 이성적인 금지에 반하여 작은 손자에게 달콤한 사탕을 주고, 더 큰 손자에게는 달콤한 세계관을 건네줍니다. 사탕은 몰래 주고 세계관은 공개적으로 주는데, 이는 반란을 일으키는 노인의 역할입니다. 헤르베르트 마르쿠제(Herbert Marcuse)는 학생운동의 주동자로서 이에 대한 한 사례일 것입니다. 다른 사례는 늙은 칼 슈미트(Carl Schmitt)로서, 그는 젊은이들(그 중에 저도 포함되어 있습니다)과의 대화를 즐겨 했는데, 이는 그가 이들과 이들 미래에 자신이 과거부터 존재했던 사람으로 함께 하고자 했기 때문입니다. 이 모든 것은 손자 때문에, 이들이 주는 자극을 함께 하는 자로서 자신이 더 이상 가지지 못하는 미래를 가지고자 하는 시도입니다. 미래가 늙음을 이렇게 매수하는 것에 늙은이는 저항해야 합니다. 왜냐하면 늙음은 미래가 줄어드는 생애 구간으로서 특정한 정도의 이론능력을 지니기 때문입니다.

다음 물음이 제기되어야 합니다. 미래가 사라지면 도대체 무엇이 오는가? 죽음이기도 한 미래의 상실 이후에는 무엇이 오는가? 저는 기독교에 의지하지만 그 교리는 믿지 않습니다. 기독교 부활신화는 부활과 각성을 이야기합니다. 하지만 저는 즐겨 자고 싶습니다. 저는 저의 세계거부를 철학적 비판이 아니라 잠을 통해 졸업하고 싶습니다. 글을 쓰는 것을 제외하면(왜냐하면 엄밀히 말하면 저는 삶에서 그 외에 다른 것을 배우지 않았기 때문입니다) 저의 열정은 모든 형태의 잠, 즉 심야의 잠, 매우 이른 저녁 잠, 오래 지속되는 아침잠, 무엇보다 낮잠을 자는 것이었습니다. 저는 제가 죽으면 저를 깨우지 않고 자게 내버려 두는 신을 희망하고 믿고 있습니다. (나의 아내는 부활을 원하며 대개 자신의 의견을 관철합니다.)

늙음 속에서 자신의 미래는 영으로 작아집니다. 이를 통해 미래순응주의도 영으로 줄어들 수 있습니다. 그러면 배려도 단순히 볼 때뿐 아니라 말할 때도 점점 더 사라질 수 있습니다. 늙은이는 더 신경 쓰지 않고 볼 뿐만 아니라 그렇게 말할 수 있습니다. 종종 그들은 단단한 독설능력을 가지기도 합니다. 늙은이가 남의 심통을 건드리는 데에는 용기가 필요 없습니다. 왜냐하면 이들은 충분한 미래가 없기 때문에 해당 상황을 다시 맞닥뜨릴 수 없기 때문입니다. 또한 늙은이의 말은 죽음으로부터 소환된 상황에서 이루어집니다. 그들의 말은 곧 잊히는 것으로서 유언과 같은 무게가 있는 것이 아니라, 제한된 가치만을 가진 유산과 같이 무게가 없습니다. 늙은이는 이를 최대한 이용할 수 있습니다. 늙은이는 거침없이 보고 말하고 쓰고 자기만의 욕구를 가다듬고 종종 부끄러움 없이 솔직할 수 있습니다. 이는 늙음의 이론능력을 극대화시킵니다. 저는 점점 더 늙을수록 점점 더 자신의 사라짐과 소리의 희미해짐에 의지하면서 더 거침없이 있는 그대로 보고 말할 수 있습니다. 저의 말을 들어야 하는 동료들은 이를 위해 이제 소통의 청자가 지녀야 하는 태도가 아니라 약간의 참을성만을 가지면 됩니다. 왜냐하면 이들은 이제 곧 나와 작별할 것이기 때문입니다.

늙음 — 목표라기보다는 끝

오도 마르크바르트와 프란츠 요제프 베츠의 대화

생의 여러 단계들

베츠: 서구사회에서 늙음이 이전 시대보다 오늘날 더 오래 지속되기 때문에 노년기는 세 단계로 구분됩니다. 첫 번째 단계는 고상한 중산층의 활동적인 초반 은퇴자로서 여행, 교육, 스포츠를 합니다. 두 번째 단계는 진전된 노년 단계로서 이미 육체적, 정신적 제한을 느끼게 됩니다. 마지막 단계는 매우 약한 상태, 도움이 상당히 필요한 상태의 단계입니다. 선생님, 선생님은 어느 단계에 있으십니까? 선생님께서는 이러한 단계들 간의 이동을 경험하신 적이 있으십니까?

마르크바르트: 당연히 저는 85세의 나이로 늙음의 첫 번째 단계를 이미 훌쩍 넘겼고 이제는 진전된 노년 단계에 와 있습니다. 정확

히 말하자면 저는 그동안 이미 세 번째 단계 턱밑까지 와 있습니다. 옛날부터 세 번째 단계는 도움이 상당히 필요하기 때문에 제2의 유년기라고 불렸습니다. 늙음의 과정이 연속적으로 진행되어 한 단계에서 다음 단계로 진행할 때에는 경계구간이 있을 것이고, 이 구간은 보통 육체적으로 느낄 수 있습니다. 만성적인 병의 수가 지난 15년 동안 꾸준히 증가해 왔습니다. 나이를 새롭게 먹을 때마다 병이 드는 부분의 수도 증가합니다. 그래서 병이 느는 것은 놀랍지도 않습니다. 움직임의 수단인 육체는 이제 제한적으로만 기능합니다. 이는 철학자의 가장 중요한 도구인 청각, 시각, 언어능력에도 해당합니다. 저의 감각들은 상당한 정도로 수용능력을 잃었습니다. 자비 없는 수많은 진실들이 존재합니다. 늙음은 위태로운 역사이고, 많은 나이는 추한 것, 더 이상 아름답지 않은 것을 많이 가져옵니다.

베츠: 우리 시대의 특징으로 우리는 늙음의 단계를 여러 단계로 나누면서도 그 중 두 개의 생의 단계만을 알고 있다는 것입니다. 오늘날보다 기대수명이 훨씬 더 적었던 예전에는 10개의 생애 단계까지 알고 있었습니다. 가장 오래된 생애 구분은 솔론(Solon)의 것이고, 그 이후 교부 아우렐리우스 아우구스티누스(Aurelius Augustinus), 윌리엄 셰익스피어(William Shakespeare)의 구분법

이 있는데, 일반적으로는 유년기, 청소년기, 초장년기와 후장년기, 노년기로 생애를 나눕니다. 종종 생애는 사계절 또는 오르막 계단 / 내리막 계단과 비교되었습니다. 반면 오늘날 청년기는 바로 노년으로 이어지는 듯합니다. 한편으로는 젊은이들이 있는데, 이들은 온갖 화학적 종류의 수단까지 동원하여 즐거움과 노동의 능력을 가능한 한 오랫동안 유지하기 위해 노년을 회피하려고 시도합니다. 다른 한편으로는 젊은 노년과 늙은 노년이 있다. 선생님은 우리 시대의 이러한 젊음의 숭배를 어떻게 보십니까? 인간은 오래전부터 오래 건강하고 아름답고, 사랑스러우며 활동적인 능력을 주는 신화적인 젊음의 샘에 대해 동경해 왔습니다. 생을 젊음과 늙음이라는 이분법으로 나누는 것에는 어떤 문제가 있을까요? 오늘날 많은 사람들은 실제보다 스스로 더 젊다고 느낍니다. 왜 이런 것일까요? 선생님은 실제보다 더 늙었다고 느끼십니까?

마르크바르트: 젊음은 덕이 아니며 영원한 젊음에 대한 이야기는 화려한 무의미일 뿐입니다. 사람들이 이에 의지하면 할수록, 젊음을 더 이상 유지할 수 없을 때 자신의 생을 그대로 받아들이는 것이 점점 더 어렵게 됩니다. 하지만 선생님이 말한 바와 같이 젊음의 샘에 대한 동경은 인간이 사유하기 시작한 이래 있어 왔습니다. 그래서 가능한 한 오랫동안 젊음을 유지하려는 소원은 특별

히 현대적인 것으로 보이지는 않습니다. 오늘날 높아진 복지 덕분에 더욱더 이것의 가능성이 높아졌습니다. 무엇보다 오래 건강하고 활동적이고자 하는 소원은 당연합니다. 그래서 많은 사람들이 실제보다 더 젊다고 느낍니다. 왜냐하면 이들은 전 세대를 눈으로 보았기 때문입니다. 전 세대는 지금보다 더 나이든 것으로 보였습니다. 지금의 60대와 과거의 60대 사진만 보면 됩니다. 실제보다 사람들이 스스로 늙었다고 느끼는지 저는 알지 못합니다. 왜냐하면 늙은이는 이 생애단계 자체를 느낄 수 없기 때문이다. 누구는 슬프거나 기쁘게, 지치거나 그렇지 않다고 느낄 수 있을 것입니다. 하지만 70, 80대의 노인은 제 생각으로는 그럴 수 없습니다.

베츠: 이는 역설이 아닙니까? 사회의 고령화와 기대수명의 증가는 노년으로 갈수록 젊음의 숭배로 나아가고 있습니다. 이러한 젊음의 숭배는 소비산업과 휴가산업, 정치와 경제에 의해 촉진되고 있습니다. 왜냐하면 인구학적인 변화, 지구적인 효율성 경쟁, 기술과 경제에서 발명의 가속도 때문에 정치와 경제는 시민의 평생 학습능력, 건강과 직업수행능력을 믿을 수밖에 없기 때문입니다. 현재의 경쟁적 도전은 오로지 평생 건강하고 젊고 활동적이고, 항상 새로움에 열려 있으며 원숙한 나이에까지 젊다고 느끼는 시민들을 통해서만 성공적으로 이겨 낼 수 있기 때문입니다. 우리는 너

무 과도하게 자신을 몰아세우는 것이 아닐까요?

마르크바르트: 물음에서 선생님은 한편으로는 현대 세계의 **빠름**을 강조하면서 다양한 형식의 느림을 간과하고 있습니다. 이 느림은 우리가 오늘날의 **빠름**을 견딜 수 있게 합니다. 전통중립적인 기술, 의학, 경제는 한쪽 측면입니다. 예술, 전통, 보존과 기억에 의지하는 역사적 감각, 우리를 둘러싼 자연의 보존은 다른 측면입니다. 다른 말로 하자면 소비사회와 경제세계의 빠른 속도에 대한 일련의 보상들이 존재합니다. 엄청난 속도가 지배하는 젊은이의 문화 자체도 휴가 ── 요즘 말하듯이 파티, 산책, 긴장 완화를 알고 있습니다. 그래서 저는 우리가 정말로 현대적인 생활방식에 내몰리고 있는 것인지는 잘 모르겠습니다. 이 생활방식은 알려진 대로 수많은 장점을 가집니다. 왜냐하면 합법칙성에 맞게 느림, 휴식, 숙고의 여러 형식들이 계속 생겨나고 있기 때문입니다.

베츠: 생을 이분화하는 것이 문제라면 쇼펜하우어가 생을 비슷하게 다음처럼 구분한 것도 문제가 아닐까요? "행복한 청년이여! 슬픈 노년이여! […] 첫 번째 생애의 특징이 행복에 대한 충족되지 않은 동경이라 한다면 두 번째 생애의 특징은 불행에 대한 근심이다. […] 젊었을 때 초인종이 울리면 나는 즐거웠다. 왜냐하면 '지

금 누군가 왔으면' 하고 생각했기 때문이다. 하지만 늙은 지금 동일한 상황에서 나의 느낌은 끔찍함과 유사하다. 왜냐하면 나는 '누군가 왔군' 하고 생각하기 때문이다." 당신은 쇼펜하우어의 의견에 동의합니까? 선생님에게 이러한 변화된 지각태도가 만약 있다고 한다면 이것이 어떻게 느껴지십니까?

마르크바르트: 아르투어 쇼펜하우어는 영리한 철학자였습니다. 그의 염세주의적 생활관은 많은 부분에서 과장이 많습니다. 하지만 저는 선생님이 인용한 부분에 완전히 동의합니다. 늙은 저는 더 이상 특별히 희망을 가지고 싶지도 않고 미래에 열려 있지도 않습니다. 저는 더 이상 그러고 싶지 않은데 왜냐하면 나에겐 더 이상 남은 미래가 없기 때문입니다. 적어진 미래에 자신의 기대를 맞출 때 늙은이의 영리함이 드러나게 됩니다.

늙음의 탄식

베츠: 늙음의 탄식은 서구 철학사의 커다란 주제입니다. 세네카는 루키우스에게 보내는 108번째 편지에서 은유적으로 다음처럼 적고 있습니다. "늙음은 치유될 수 없는 병이며 죽음으로 끝납니다." 허약함과 다른 사람에의 의존도가 증가하는 되돌릴 수 없는 우리

생의 종결과정을 드러내는 이러한 표현은 종종 인용되거나 응용됩니다. 『노년에 관하여』란 책에서 키케로는 왜 늙음이 불행인지에 대한 네 가지 근거를 열거합니다. 그는 스스로 이 근거들을 허물고자 노력합니다.

- 늙음은 인간에게 비활동이란 벌을 내린다. 늙음은 활동적인 생을 배제한다.
- 늙음은 악인데, 왜냐하면 그것은 육체를 과도하게 약하게 하고 병을 증가시키고 매력을 잃게 하기 때문이다.
- 늙음은 우리 인간에게 모든 감각적 즐거움을 앗아간다.
- 늙음은 악인데 왜냐하면 죽음이 다가오기 때문이다.

선생님은 이 네 가지 근거에 대해 어떻게 생각하십니까?

마르크바르트: 키케로는 늙음의 고통에 대한 네 가지 근거를 허무는 데에 커다란 관심을 가졌습니다. 여기서 그는 대(大)카토(Marcus Porcius Cato)의 입을 빌려 반론을 하게 합니다. 근본적으로 키케로는 문화와 정치의 우두머리로서의 늙은이의 사회적 지위를 지키려고 합니다. 오늘날 관점에서 보면 열거된 네 가지 근거 모두 옳습니다.

베츠: 불쾌한 질문을 드리겠습니다. 늙음이 뇌 사용에도 불구하고 정신적 후퇴, 기억 감퇴, 집중력 약화, 주의력 결핍을 의미한다는 것에 대해 선생님은 어떻게 생각하십니까?

마르크바르트: 당신은 옳은 말을 했습니다. 지식욕은 늙은 나이에는 마비가 됩니다. 지적인 욕구의 결핍이 생겨납니다.

베츠: 앙드레 지드(André Gide)와 폴 발레리(Paul Valéry)를 빌려 말하자면 늙음은 일종의 자기소외를 의미하며 이는 내적인 생의 느낌과 외적인 현상 간의 모순을 의미합니다. 늙은이는 거울을 통해 보는 육체보다는 자신이 더 젊다고 느낍니다.

마르크바르트: 나의 생애에는 이러한 생각이 옳다고 여긴 시기가 있을지 모릅니다. 하지만 이제 저는 거울에 비친 나보다 내가 더 낫다고 여기지는 않습니다. 거울을 볼 때 저는 약해진 시력 탓에 더 이상 정확하게 볼 수도 없습니다.

베츠: 이탈리아 철학자 노르베르토 보비오(Norberto Bobbio)는 다음과 같이 썼습니다. "늙음을 찬미하는 자는 늙음을 아직도 보지 않은 것이다." 이에 따르면 늙음은 모든 것이 힘들어지고 어렵고

느려진다는 것이고 피곤함이 증가한다는 것을 의미합니다. 이는 특히나 늙은이들이 종종 더 이상 일반적인 속도에 적응하지 못하는 우리의 빠른 생활의 시대에 더욱 두드러집니다.

마르크바르트: 저는 이를 좀 더 날카롭게 강조하고 싶습니다. 늙으면 늙을수록 자기를 둘러싼 세상은 더욱더 구체적인 의미에서 적대적이 됩니다. 층계는 더 오르기 힘들고, 도로는 더 건너기 위험하고 짐은 더 들기 힘들어집니다. 차에 타는 것도 더욱더 힘들어집니다.

베츠: 테오도어 폰타네(Theodor Fontane)는 저녁식사 초대가 늙은 자기에게는 끔찍했으며, 소위 즐거움, 유일한 위로는 "정확히 9시에 모든 일과가 끝나 내가 침대에 누울 수 있다"는 것이라고 했습니다.

마르크바르트: 다른 많은 사람들처럼 폰타네는 늙어서 잠을 너무나 잘 잤다는 것이 잘 알려져 있습니다. 저는 이에 공감합니다. 저 또한 사교적 일과에 대한 그의 태도에 동감합니다. 확실히 저녁식사 초대는 관심이 가는 것이라면 환기도 되고 즐거움을 안겨 줍니다. 하지만 이에 응하는 것은 점점 더 어려워집니다. 이에 대한 욕

구는 점점 줄어듭니다. 이런 점에서 빌헬름 부슈의 아름다운 시가 떠오릅니다.

이는 매우 좋다네.
우리가 친구들이 오는 것을 볼 수 있다면.
이들이 머무는 것도 좋다네.
우리와 함께 시간을 보낸다면.
하지만 이들이 끝내 다시 간다면
이것 또한 좋다네.

너무 좋은 것도 그것이 너무 오래 지속된다면 고통이 될 수 있습니다.

베츠: 언젠가 늙음은 권태이자 사라짐(nichts)에 대한 기다림, 아마 지나가 버린 한평생 삶에 대한 항상 동일한 기억입니다. 그래서 이런 점에서 쉽게 우울증과 불쾌감이 생겨납니다.

마르크바르트: 사라짐에 대한 기다림이라고 하셨지만, 저는 사실 아무것도 기다리지 않으며 권태도 느끼지 못합니다. 그러기에는 일과를 마치는 것도 벅찹니다. 이 일과에는 나를 움직이는 다양

한 생각들이 포함됩니다. 자연을 관찰하는 것, 특히 생의 생태를 관찰하는 것이 포함됩니다. 전에 저는 자연에 그렇게 강렬한 관심을 가져 보지 못했습니다. 반면 저의 아버지는 어류생물학 박사로서 자연에 강렬한 관심을 가지셨습니다. 볼거리에 대한 대규모 소비가 아니라 어떤 눈으로 우리가 이것 저것을 보고 그 앞에서 침잠하는지가 중요합니다. 선생님이 언급한 우울증은 저에게는 나이에 따른 현상이라기보다는 저의 근본적인 처해 있음(Grundbefindlichkeit)이라 할 수 있습니다. 제 생각에 이러한 근본적인 처해 있음은 철학자의 것입니다. 생의 중간에 우울증은 강의 준비, 회의, 학회, 가족 일에 은폐되어 있습니다. 늙음의 시기에 반성의 시간이 많아지게 되고 그에 맞춰 우울증이 드러나게 됩니다. 멜랑콜리는 저에게 항상 창조에 대한 본질적인 동기였습니다. 프란체스코 페트라르카(Francesco Petrarca), 마르실리오 피치노(Marsilio Ficino) 등 르네상스 이후 예술가와 철학자가 본성적으로 멜랑콜리커(Melancholiker)라는 표상은 많은 동감을 얻어 왔습니다. 알브레히트 뒤러(Albrecht Dürer)는 유명한 동판화 〈멜랑콜리아 1〉(Melancolia I)에서 우울증을 턱을 괴고 조용히 사색에 빠져 있는 슬픈 천사로 그리고 있습니다. 그리고 아리스토텔레스의 처남인 테오프라스토스(Theophrastos)는 이미 "철학자, 정치가, 시인, 예술가와 같은 모든 위대한 사람들이 왜 멜랑콜리커인가"라고 묻지 않았습니까? 하지만 이는 어느 정도의 유머와 자기반어 없이는 불가능합니다. 이 유머와 반어가 삶의 짐을 견딜 수 있게 만듭니다. 멜랑콜리와 유머는 대립을 이루지 않습니다. 왜냐하면 반어와 유머가 짐을 가볍게는 하지만 짐으로부터 해방시켜 주지는 못하기 때문입니다. 사람들은 우울증을 유쾌함으로 바꾸려 합니다. 하지만 그런다고 우울증이 사라지는 것은 아닙니다.

베츠: 늙음은 또한 혼자 있음을 의미하지 않습니까? 늙으면 늙을수록 죽음은 더욱더 다음 차례가 됩니다. "나의 오랜 생은 무덤으로 둘러싸인 로마가도와 같다"고 샤토브리앙(François-René de Chateaubriand)은 썼습니다. 죽음을 알려 오는 편지의 수만큼이나 외로움은 증가합니다.

마르크바르트: 혼자 사는 사람들에게는 많은 경우 그렇습니다. 현재 저는 제 주변에 가족을 둘 행운을 가졌습니다. 부인, 아들의 가족, 그리고 몇몇 친구들이 있습니다. 이와는 별도로 저는 이미 죽은 친구와 지인을 부러워합니다. 그들은 이미 떠났습니다.

베츠: 늙으면 늙을수록 사람은 더 눈에 띄지 않거나 속이 다 보이게 됩니다. 전에는 아마도 많은 것이 눈에 들어왔을 것입니다. 하

지만 늙은이들은 이제 어떤 것을 무관심하게 스쳐 지나갑니다. 이들은 그냥 쳐다보고 맙니다. 괴테는 늙음을 "현상으로부터의 점차적인 멀어짐"이라고 표현합니다.

마르크바르트: 그렇습니다. 이런 종류의 공허함을 저도 느끼고 있습니다.

베츠: 늙음의 이러한 불쾌함을 염두에 둔다면 아리스토텔레스를 이해하는 것은 어렵게 될 것입니다. 그는 자신의 『수사학』(*Techne rhetorike*)에서 늙은이들이 때때로 사악하고 불친절하고 속이 좁다고 했는데, 왜냐하면 이들은 세계로부터 배제된 채 미래를 더 이상 가지고 있지 않기 때문입니다. 그에 따르면 이들은 비열한 마음만을 지녔는데, 왜냐하면 이들은 병들고, 아주 적은 가능성만을 가지기 때문입니다. 최근에는 무엇보다 몰리에르(Molière)가 자신의 희곡에서 사악하고 불만으로 가득 찬 늙은이를 그렸습니다. 선생님은 이를 어떻게 보십니까?

마르크바르트: 몰리에르는 불문학자인 제 아내의 전공입니다. 저는 저를 사악하고 속이 좁다고 표현하고 싶지 않습니다. 하지만 이는 맞습니다. 늙음의 허약함은 저를 종종 불친절하고 불만이 가

득하게 만듭니다. 저의 아내는 이를 참아 내야 하고 해결해 줘야 합니다. 저는 종종 그녀의 인내심과 배려를 누렸습니다. 참는 것과 침묵하는 것은 당연히 고상한 성품입니다. 하지만 누가 이 모든 것을 항상 웃으면서 견디겠습니까? 누구도 모든 것을 참을 수는 없을 것입니다.

늙음의 찬미

베츠: 로마의 작가 호라티우스(Horatius)는 "가능한 한 늙음은 근심걱정으로부터 자유롭다"고 적고 있습니다. 선생님의 스승 요아힘 리터는 「비참과 행복으로서의 늙음」이라는 논문을 썼습니다. 선생님은 늙음의 행복이 어디에 있다고 보십니까? 늙음에서 좋은 것은 무엇입니까?

마르크바르트: 행복한 늙음의 필수조건의 반은 건강한 신체와 정신입니다. 그 외에 플라톤이 다음과 같이 말한 바와 같이 충분한 수입이 있어야 합니다. "올바르게 사유하는 자도 가난하다면 늙음을 쉽게 감당하지 못할 것이다." 여기서 그는 옳습니다. 그동안 노인의 가난 문제를 법적인 수단으로 해결하려는 노력들이 이루어졌습니다.

베츠: 노망난 명예심에 시달리지 않는다면, 그리고 어느 정도 건강하고 가난하지 않고 유쾌한 관용을 가진다면 늙음은 일종의 휴가일 수 있습니다. 물론 이는 바깥 세계에는 그렇게 얻을 것도, 잃을 것도 없다는 위로 섞인 인식을 전제합니다. 이러한 진정은 아마도 작은 것에서 기쁨을 얻는 것보다 더 중요할 것입니다. 선생님에게는 어떤 것이 중요합니까?

마르크바르트: 선생님이 처음에 언급한 늙음의 첫 번째 단계는 커다란 휴가라는 특징을 가질 수 있습니다. 두 번째 단계부터 이는 더 이상 맞지 않으며 세 번째 단계에선 전혀 그렇지 않습니다. 확실히 저에게 기쁨을 주는 여러 사소한 것들이 있습니다. 잠자는 것, 먹는 것과 같은 기본적인 것을 제외한다면 이미 언급한 자연 관찰이 이에 해당합니다. 무엇보다 손자, 손녀들, 가족이 저를 기쁘게 합니다. 이들은 종종 오기도 하지만 너무 자주 와서도 안 됩니다.

베츠: 어떤 점에서 사람들은 늙음을 유년기 또는 중년기보다 더 선호할 수 있을까요? 이미 테오도어 폰타네는 청년시절에 대한 무제한적인 선호를 의심했습니다. 그는 다음처럼 썼습니다. 청년의 삶이 아마도 완숙하고 조용한 삶보다 더 좋을지 모른다. "아마

도. 하지만 아마도 그렇지 않을 수 있다. 우리는 이 점에서 흔들린다. 하지만 남는 것은 삶이 특별한 이야기라는 점이다."

마르크바르트: 확실히 젊음, 청년의 삶은 장점을 가집니다. 평균적으로 병과 제약이 조금밖에는 없습니다. 건강은 일반적으로 좋으며, 미래는 계속 열려 있습니다. 이를 통해 젊은 생애에선 환영을 키울 가능성이 큽니다. 하지만 폰타네가 말하듯이 완숙하고 조용한 생의 단계는 사실상 생에서 커다란 성과입니다. 노년기에 이르면 새로운 장점이 추가되는데, 이는 스스로 더 이상 뭔가를 증명하지 않아도 되고, 더 못해도 된다는 것입니다. 이는 커다란 관용을 낳습니다. 늙은이는 실수나 결점을 쉽게 넘어가며 결점이 실제보다 더 심각하지 않다면 큰 마음으로 넘어갈 줄 압니다. 늙은이는 사물들이 그냥 흘러가게 내버려 둘 수 있습니다.

베츠: 많은 나이에는 일반적으로 조금 더 미루고 싶고, 아르투어 슈니츨러(Arthur Schnitzler)의 동일 명칭의 소설에서 그렇듯이 "정확히 한 시간" 만이라도 미루고 싶은 죽음이 다가옵니다. 핀란드의 저녁 기도는 다음과 같이 끝납니다. "주여, 당신이 부른다면 저는 당신을 따르겠습니다. 하지만 오늘 밤은 아닙니다." 우디 앨런(Woody Allen)은 이를 다음처럼 표현합니다. "나는 죽음에 맞설

무엇도 가지고 있지 않다. 죽음이 온다면 나는 다만 즐겨 이를 맞이하고 싶지는 않다." 선생님은 얼마나 생에 집착하십니까?

마르크바르트: 저는 일반적으로 생에 그다지 집착하지 않습니다. 생이 끝나면 그것은 좋은 것입니다. 우리가 이미 죽음을 맞이해야만 한다면 이는 정말 끝이 될 것입니다.

베츠: 늙으면 늙을수록 가능성의 창문은 점점 더 닫힐 것이고 남아 있는 시간은 적어질 것입니다. 젊다는 것은 모든 것을 바로 해결하지 않아도 된다는 것입니다. 늙으면 해야 할 것을 곧바로 해야 합니다. 늙음은 미루는 것을 참지 못합니다. 오늘날 선생님에게 아직 남아 있는 생의 시간에서 가장 중요한 일은 무엇입니까? 선생님은 아직 무엇을 시도 또는 체험하고 싶으십니까?

마르크바르트: 저는 제 손자들의 몇몇 생의 구간과 전환기를 함께 체험하고 싶습니다. 제가 이제 이 나이에 이만큼 애를 썼으니 이 책의 출간도 보고 싶고 아내의 80살 생일도 보고 싶습니다.

베츠: 일반적인 생의 경우와 달리 늙은이에게 시간은 항상 너무 짧거나 너무 깁니다. 날은 재빨리 지나가 버리거나 너무 길게 늘

어집니다. 선생님은 어떠십니까? 그리고 이를 어떻게 설명하시겠습니까?

마르크바르트: 저는 이미 권태가 놀랄 정도로 낯설다는 점을 이야기했습니다. 저는 세계의 모든 시간을 가지면서도, 이 시간은 저에게 너무나 짧습니다. 왜냐하면 모든 것은 너무나 느리게 지나가지만 잠자는 시간과 비교하여 깨어 있는 시간이 계속 짧아지기 때문입니다.

늙음의 지혜

베츠: 선생님의 기본명제는 늙음이 환영을 거부하고 이론능력을 가능케 한다는 것입니다. 이제 늙은이는 있는 그대로 볼 수 있습니다. 쇼펜하우어는 이미 선생님의 의견과 비교할 만한 입장을 다음과 같이 보여 준 바 있습니다. "늙은이는 생을 그 전체에서, 그 자연적 흐름 속에서 본다. 즉 일반적으로 그 출발점으로부터가 아니라 종결점으로부터도 삶을 고찰한다. 그래서 늙은이는 특히나 생의 공허함을, 세계의 모든 화려함, 위대함과 빛남의 무실함과 공허함을 완전히 인식하게 된다. 그래서 늙은이는 생에 대한 완전하고 정확한 표상을 얻게 된다. 늙은이는 모두가 소원하는 사물과

동경하는 즐거움 뒤에는 아무것도 있지 않으며 점점 더 우리 전체 현존의 커다란 가난과 공허함에 대한 인식에 이르는 경험을 하게 된다. 70세에 비로소 사람들은 「전도서」의 첫 번째 구절 '모든 것이 공허하다'를 이해하게 된다." 선생님은 쇼펜하우어의 염세주의적 입장을 공유하십니까?

마르크바르트: 쇼펜하우어의 멋진 인용문은 많은 진리를 담고 있으며, 이는 「전도서」가 이미 천 년 전에 언급한 내용입니다. 늙음이 이론능력을 갖추게 한다는 나의 기본명제는 특히 나 자신에 의해 너무 긍정적이고 낙관주의적이고 너무 좋게만 해석되었습니다. 그동안 나의 늙음은 좀 더 진행되었습니다. 늙음은 사실에 대한 섬세한 감각을 형성합니다. 하지만 사물들을 날카롭게 본다는 것은 끔찍한 일일 수도 있습니다. 따라서 이론능력은 단순히 경감만을 의미하지는 않습니다. 여기에 늙음이 주는 짐을 인식할 수 있습니다. 이는 어느 정도 진전된 이론능력입니다. 이 능력은 말하자면 늙음이 나쁠 수 있다는 것, 즉 늙음에서 나쁜 점을 인식하는 능력입니다.

베츠: 쇼펜하우어는 인용문에서 인정, 명성, 명예를 얻으려는 모든 노력이 그렇게 중요하지 않으며 아무것도 아니라는 점을 밝히고

있습니다. 바로 늙었을 때 노망난 명예욕이 방해하지 않는다면, 사람들은 이러한 인식을 쉽게 얻을 수 있을 것입니다. 폰타네는 노망난 명예욕을 다음처럼 둘러 표현했습니다. "이 노력자는 이제 조용히 죽음에 임하게 되었는데, 왜냐하면 죽음의 침대에 훈장을 간직하게 되었기 때문이다. 이들은 내게 말할 수 없이 슬픈 인상을 남겼다. 얼마나 초라하며 얼마나 보잘것없는가." 이제 마르크바르트 선생님은 비교적 잘 알려지고 많이 인용되는 철학자이며 어느 정도 공적인 인지도를 가지고 있습니다. 선생님은 이미 이런 이유로 쇼펜하우어와 폰타네와는 반대의 경우가 아닐까요? 혹은 선생님은 유보 없이 이들에게 동의할 지점에 서 있습니까?

마르크바르트: 유한성은 모든 것을 제자리로 되돌려 놓습니다. 그것은 개인적인 결점과 각자의 결점을 느끼게끔 겸손하게 만듭니다. 이를 향유할 수 있는 사람들은 거의 누구에게도 주목받거나 존경을 받지 않습니다. 왜냐하면 이들은 삶의 조건이 허락한다면 이제 마지막으로 누구의 눈치도 보지 않고 살아갈 수 있기 때문입니다. 그럼에도 불구하고 저는 저에게, 그리고 다른 사람들에게 무언가를 하고 싶습니다. 그래서 저는 선생님이 언급한 노망난 명예욕을 완전히 부정하고 싶지는 않습니다. 저에게 이러한 명예욕은 그렇게 작지 않으며, 제가 한 일이 완전히 망각되는 것을 저는

크게 염려하고 있습니다.

베츠: 선생님은 인생에서 중요한 것이 무엇이라고 생각하십니까?

마르크바르트: 우리의 시민적인 복지민주주의 체계에서는 다양한 가능성들이 존재합니다. 각 생의 단계는 복수의 가능성들을 지니고 있습니다. 생의 기술은 각자가 자신의 생의 방식을 발견하여 이를 많이 이용하는 것입니다. 그래서 생에서 중요한 것은 경우에 따라 다릅니다. 중요한 것은 사랑하는 사람, 나의 아내와 함께 하는 것입니다. 저는 사랑하는 아내를 위해 있으며, 제 아내도 그러합니다. 또한 저는 펠릭스, 프리데리케, 프란치스카, 플로리안, 프레데릭을 위합니다. 언급한 바와 같이 늙은 나에게 가족은 매우 중요하게 되었습니다.

베츠: 언급한 바와 같이 선생님은 늙음이 환영을 거부하고 이론능력을 가능케 한다는 명세를 주상하십니다. 그래서 결국 늙은이는 사물을 있는 그대로 인식할 수 있다는 것입니다. 하지만 이는 노쇠한 육체가 종종 점점 더 자신에게 낯설게 되는 세계에서 이탈한다는 판정을 받은 사실에 모순되지 않습니까? 늙어가는 인간이 점점 더 세계 없음을 경험하게 된다고 장 아메리(Jean Améry)는

적고 있습니다. 왜냐하면 그는 자신의 육체에만 집중하게끔 강요되기 때문입니다. 이와 일치하게 늙은 한스 요나스(Hans Jonas)와 노르베르토 보비오는 자신들이 더 이상 그 발전에 적응하지 못하는 자기 사회에서 낯선 이가 되었다고 확신합니다. 선생님은 우리 시대의 수많은 새로움, 예를 들어 기술, 음악, 유행을 더 이상 이해하지 못하실 겁니다. 이는 실제로 일어난 일을 선생님이 정확하게 인식하는 것을 불가능하게 만들 것입니다.

마르크바르트: 현재적 경향에 관한 물음에서 저는 분명히 아메리, 요나스, 보비오에 동의합니다. 하지만 전체를 볼 때 생의 핵심은 항상 동일합니다. 즉 모든 인간적인 것은 유한합니다. 이론능력이 있다는 것은 유한성을 모든 생의 부침에서 보고, 이에 맞춰 생을 영위하는 것을 의미합니다. 여기에는 겸손함, 절제뿐 아니라 너무 빨리 끊어지지 않고 보존되어 온 시민적 전통의 유지에 대한 어느 정도의 염려도 포함됩니다.

베츠: 늙은이들이 항상 알고 있는 것, 노동과정에 대한 지식, 이들의 기술적 지식과 생의 관념, 가치체계 등은 각각의 현재에 비춰 볼 때 항상 적은 의미만을 가지는 것처럼 보입니다. 왜냐하면 발전은 빠른 템포로 앞으로 나아가기 때문입니다. 이 명제는 맞습니

까? 또는 선생님이 보시기에 이러한 추정에는 거짓된 측면이 있습니까?

마르크바르트: 선생님 추정의 전반부는 옳습니다. 기술, 노동과정의 물음에서 우리 늙은이는 확실히 전문가가 아닙니다. 하지만 생의 관념, 가치체계에 관한 물음에서 늙은 철학자들은 명석함과 경험을 통해 일련의 영리한 생각들을 제안할 수 있습니다. 이 점에서 플라톤, 아리스토텔레스, 키케로, 그리고 다른 많은 철학자들은 많은 나이에도 불구하고 어느 정도의 능력을 가지고 있다 해도 될 것입니다.

베츠: 죽음은 일종의 경험으로서 우리는 이로부터 더 이상 자신의 삶을 위해 배울 수 없습니다. 왜냐하면 우리의 삶은 이를 하기에는 너무 늦기 때문입니다. 그렇기 때문에 이미 살아 있는 동안 자신의 사멸성을 현재적으로 의식함으로써 이를 통해 개인적인 삶의 넝위에 긍정적인 효과를 이끌어 내는 것이 좋을 것입니다. 레프 톨스토이(Lev Tolstoy), 쇠렌 키르케고르(Søren Kierkegaard), 게오르크 지멜(Georg Simmel), 마르틴 하이데거(Martin Heidegger)와 같은 지난 과거의 여러 지식인들은 자신의 사멸성의 의식으로부터 실존적인 중요성을 이끌어 냈습니다. 즉

이들은 이러한 의식으로부터 앞으로 어떻게 의식적으로 살아갈 것인지, 가치 있고 중요한 것에 대해 어떻게 더 반성할 것인지의 물음을 이끌어 냈습니다. 자신의 사멸성의 의식이 지난 수세기 동안 어떻게 선생님의 개인적인 삶의 관념에 영향을 미쳤습니까?

마르크바르트: 자기 사멸성의 의식은 개별자가 자신의 삶을 의식하게 만듭니다. 삶이 한 번뿐이고 다시는 반복될 수 없다는 의식은 자신의 현존을 목적지향적으로 이끄는 결단력을 키웁니다. 시간이 중요하다면 매일 매일이 중요합니다. 여기까지는 그러합니다. 생애 구간과 관련하여 저는 여기서 어느 정도 젊음이 늙은이의 관심이 되는 경우를 생각해 보고 싶습니다. 젊음의 숭배의 관점, 즉 매일을 지칠 줄 모르는 강렬함으로 체험하고자 하는 것이 늙은이에게 있을 때 어떤 일이 벌어질까요? 현실적인 죽음 대신 조심스럽게 생의 목적이 (철학적으로도) 중심이 되고, 실제 진지한 죽음 대신 비-죽음이 중심이 되고, 승천 대신 선박을 모는 것이 시도될 것입니다. 하지만 제 생각에 늙은이들은 이를 하지는 않을 것입니다. 늙은이들은 이를 통해 자신을 우습게 만들 뿐 아니라 이는 이들에게 과도합니다. 이들은 젊음을 절대화하기보다는 이제 곧 끝장이라는 것을 알아야 합니다. 이들은 목적이 더 이상 존재하지 않는 끝에 있다는 것을 받아들여야 합니다.

작별, 죽어감, 죽음

베츠: 선생님은 매우 고령의 철학자로 죽어감에 대해 어떻게 생각하십니까? 선생님은 이에 대한 공포를 가지고 계십니까?

마르크바르트: 언젠가 죽는다는 것은 결코 죽지 않는다는 것을 뜻합니다. 죽음의 순간의 불확실성은 저를 이러한 환영에 빠지게 합니다. 그래서 대부분의 사람들은 죽음이 막상 닥치면 놀라게 됩니다. 이들은 더 이상 죽는 것을 생각하지 않습니다. 저는 삶에 집착하지 않으며 철학자로서 이미 직업적 이유로 죽음에 대해 많이 생각했음에도 불구하고 조금의 연기, 최후의 유예를 희망합니다. 즉 지금은 아직 죽을 때가 아닙니다. 그렇습니다. 저는 죽어감에 대한 공포를 가지고 있습니다. 왜냐하면 이는 매우 불쾌할 수 있기 때문입니다.

베츠: 한편으로 많은 사람들은 자기 생의 끝에서 사랑하는 사람들과 작별할 수 있기를, 그래서 이들의 가득한 염려를 느낄 수 있기를 희망합니다. 다른 한편으로 아마 대부분의 사람들은 잠자는 가운데 죽어감을 맞이하길 희망합니다. 왜냐하면 그렇다면 정작 자신은 자신의 죽어감을 의식적으로 경험하지 않을 것이기 때문입

니다. 우리는 이러한 모순을 어떻게 설명할 수 있을까요?

마르크바르트: 죽어감이 불쾌할 수 있기 때문에 저는 무조건 그것을 의식적으로 경험하는 것을 중요하다고 여기지 않습니다. 동시에 가까이 있는 사람들이 내가 죽어갈 때 ── 그럴 수 있다는 것이 전제된다면 ── 나와 함께 할 것이라는 점이 저를 진정시킵니다. 만약 작별할 가능성이 주어진다 해도 얼마만큼 내가 이들뿐 아니라 나 자신과 작별할 수 있을지 저는 알지 못합니다.

베츠: 선생님은 스스로에게 '이제 더 이상 그만'이라고 말하는 상황을 상상하실 수 있습니까?

마르크바르트: 당연합니다.

베츠: 죽어감과 죽음은 다릅니다. 선생님은 죽음에 대한 공포를 가지고 있습니까?

마르크바르트: 아닙니다.

베츠: 시몬 드 보부아르(Simone de Beauvoir)는 다음처럼 썼습니

다. "사람들은 태어났고 살았기 때문에 죽는 것도 아니며 늙음 때문에 죽는 것도 아니다. 사람들은 무엇 때문에 죽어간다. […] 자연적인 죽음이란 존재하지 않는다. […] 모든 인간은 사멸적이지만 모든 인간에게 죽음은 사고이고, 그가 죽음을 의식하고 죽음에 만족한다 해도 이 죽음은 부당한 폭력이다." 비슷한 내용을 우리는 선생님이 매우 높이 평가하는 한스 블루멘베르크에서 읽을 수 있습니다. "누구도 그가 죽어야만 한다는 것에 대해 위로를 받을 수 없다. 이를 위한 위로 능력, 위로를 주는 능력을 가정하는 모든 논증은 형편없고 우습기까지 한다." 선생님은 이를 어떻게 보십니까?

마르크바르트: 정확히 그렇습니다. 저는 시몬 드 보부아르와 한스 블루멘베르크에 무제한적으로 동의합니다.

베츠: 선생님은 종교에 대해 어떻게 생각하십니까? 종교의 위로가 선생님의 생애에서 어느 정도의 위치를 차지하고 있습니까?

마르크바르트: 대답은 이미 이전 물음에 대한 답변에서 부분적으로 했습니다. 저는 기독교를 진지하게 여기며 아마도 종교적인 위로가 존재하는 유일한 위로라고 생각합니다. 저는 이를 믿습니다.

왜냐하면 제 아내는 목사의 딸로서 실천하는 기독교인이며, 더욱이 그녀는 교회 합창단에서 노래를 하고 있기 때문입니다. 이에 반해 저는 부모님으로부터 매우 약간의 종교적 생활만을 경험했을 뿐입니다. 또한 나의 스승 요아힘 리터의 문하 시절에 저는 카를프리트 그륀더(Karlfried Gründer)와 로베르트 슈페만(Robert Spaemann)과 같은 신실한 동료들 사이에서 아웃사이더였습니다. 그동안 저는 기독교 믿음이론을 받아들이기가 힘들었습니다. 가장 큰 두통을 안겨 준 것은 변신론이었습니다. 저는 종교와 교회에 반대하지 않습니다. 저는 특별히 이것들과 많이 함께 하지 않을 뿐입니다. 종교적인 내용들은 저를 위로하지 못합니다. 이들의 약속은 저에게 아주 적은 위로만을 줄 뿐입니다. 종교적 위로의 조그만 대체물이 저에게는 잠입니다. 잠을 충분히 자면 사람들은 많은 일들을 견뎌 낼 수 있습니다. 물론 잠만으로 충분한 것은 아닙니다. 그렇다고 종교적인 위로가 저에게 그럴듯한 것도 아닙니다. 저의 문제는 쇠렌 키르케고르의 문제처럼 "그냥 존재하는 대신 시를 쓴" 것입니다. 이것이 저의 문제입니다. 저의 생은 하나의 단편으로 남을 것입니다. 이는 차안에서도 피안에서도 완성되지 않을 것입니다. 이는 완성도 아니고 목표점도 아니고 단순히 곧 끝에 있을 것입니다!

오도 마르크바르트 연보

1928년 2월 26일 슈톨프(포메른)에서 태어나다.

1934~45년 콜베르크(포메른), 존트호펜(알고이), 팔켄부르크(포메른)에서 학교를 다니고, 브레멘에서 전투기 조력자로 복무하다.

1945년 돌격대, 포로수용, 그 후 노르더나이로 가다.

1946년 트라이나(헤센)에서 아비투어.

1947~54년 뮌스터 대학(베스트팔렌)과 프라이부르크 대학에서 철학, 독문학, 신약 신학과 가톨릭 기초신학, 예술사, 역사학을 연구하다.

1954년 프라이부르크 대학에서 (막스 뮐러 교수 지도 하에) 철학 박사학위를 받다.

1955~63년 뮌스터 대학 철학과에서 요아힘 리터의 연구원.

1963년 뮌스터 대학 철학과에서 교수자격취임논문 작성. 사강사.

1965년부터 기센 유스투스 리비히 대학 철학과 정교수.

1982/83년 베를린 학문협회 회원.

1985~87년 독일 철학일반협회 회장.

1993년 은퇴.

1994년 예나 대학 명예박사학위를 수여받다.

1995년 이후 언어와 시를 위한 독일아카데미의 정회원.

이밖에 학문적 산문을 위한 지그문트 프로이트 상(1984), 에르빈-
슈타인 상(1992), 에세이를 위한 에른스트-로베르트-쿠르티
우스 상(1996), 학문을 위한 헤센 문화상(1997), 학문을 위한
키케로 연설 상(1998), 헤센 공로 훈장(1990), 독일 연방공화국
공로훈장의 대(大)공로십자상(2008) 등을 수상.

출판물

:: 저작

Skeptische Methode im Blick auf Kant. Freiburg i. Br. I München:
Alber, 1958. ³1982.

Schwierigkeiten mit der Geschichtsphilosophie. Frankfurt a. M.:
Suhrkamp, 1973. ⁴1997. (stw 394.) — Franz. Ausg. 2002.

Abschied vom Prinzipiellen. Philosophische Studien. Stuttgart:
Reclam, 1981[u. ö.]. (Universal-Bibliothek. 7724.) — Engl.
Ausg. 1990. Poln. Ausg. 1994. Span. Ausg. 2000.

Apologie des Zufälligen. Philosophische Studien. Stuttgart: Reclam,
1986[u. ö.]. (Universal-Bibliothek. 8352.) — Engl. Ausg. 1991 .
Ital. Ausg. 1991, Poln. Ausg. 1994. Span. Ausg. 2000.

*Transzendentaler Idealismus, romantische Naturphilosophie,
Psychoanalyse.* Köln: Dinter, 1987. ²1988.

Aesthetica und Anaesthetica. Philosophische Überlegungen.
Paderborn: Schöningh, 1989. ²1994. München: Fink, 2003. —
Ita. Ausg. 1994.

Skepsis und Zustimmung. Philosophische Studien. Stuttgart:
Reclam, 1994[u. ö.]. (Universal-Bibliothek. 9334.)

Glück im Unglück. Philosophische Überlegungen. München: Fink,
1995. ²1996. — Poln. Ausg. 2001. Span. Ausg. 2006.

Philosophie des Stattdessen. Studien. Stuttgart: Reclam, 2000[u. ö.].
(Universal-Bibliothek. 18049.) — Span. Ausg. 2001.

Zukunft braucht Herkunft. Philosophische Essays. Stuttgart:
Reclam, 2003. (Reihe Reclam.)

Individuum und Gewaltenteilung. Philosophische Studien.
Stuttgart: Reclam, 2004. (Universal-Bibliothek. 18306.)

Skepsis in der Moderne. Philosophische Studien. Stuttgart: Reclam,
2007. (Universal-Bibliothek. 18224.)

Der Einzelne. Vorlesungen zur Existenzphilosophie. Stuttgart:
Reclam, 2013. (Universal-Bibliothek. 19086.)

:: 편집본

Historisches Wörterbuch der Philosophie. Hrsg. von Joachim
Ritter, Karlfried Gründer und Gottfried Gabriel in Verb. mit […]
Odo Marquard […]. 13 Bde. [12 Text-Bde., 1 Reg.-Bd.]. Basel/
Stuttgart: Schwabe, 1971-2007.

Identität. (Zus. mit Karlheinz Stierle.) München: Fink, 1979. (Poetik
und Hermeneutik. 8.)

Plessner, Helmuth, *Gesammelte Schriften.* (Zus. mit Günter Dux
und Elisabeth Ströker.) 10 Bde. Frankfurt a. M.: Suhrkamp,

1980-1985. 2003 (stw 1624-33).

Anfang und Ende des menschlichen Lebens. Medizinethische Probleme. (Zus. mit Hansjürgen Staudinger.) München/ Paderborn:Fink/Schöningh, 1987. (Ethik der Wissenschaften. 4.)

Ethische Probleme des ärztlichen Alltags. (Zus. mit Eduard Seidler und Hansjürgen Staudinger.) München/Paderborn: Fink/ Schöningh, 1988. (Ethik der Wissenschaften. 7.)

Medizinische Ethik und soziale Verantwortung. (Zus. mit Eduard Seidler und Hansjürgen Staudinger.) München/Paderborn: Fink/Schöningh, 1989. (Ethik der Wissenschaften. 8.)

Einheit und Vielheit. XIV. Deutscher Kongreß für Philosophie, Gießen, 21.-26. September 1987. (Unter Mitw. von Peter Probst und Franz Josef Wetz.) Hamburg: Meiner, 1990.

Möglichkeiten und Grenzen medizinischer Forschung und Behandlung. (Zus. mit Stefan M. Manth.) Berlin/Wien: Blackwell, 1996. (Ex Libris *Roche.* 4.)

Kontingenz. (Zus. mit Gerhart von Graevenitz.) München: Fink, 1998. (Poetik und Hermeneutik. 17.)

옮긴이 후기

난 독일 유학 시절에 중고서적을 많이 샀다. 레클람 출판사에서 나온 오도 마르크바르트의 글 모음집인 『미래는 유래를 필요로 한다』(*Zukunft braucht Herkunft*)도 그중 하나였다. 그는 자신의 책을 40명의 친구들에게 자신의 서명을 담아 선물했다. 나는 우연히도 이들 중 첫 번째 친구에게 선물한 책을 중고서적의 형태로 얻게 되었다.

오도 마르크바르트라는 철학자는 매우 특별하다. 그는 셸링과 정신분석학의 전공자이긴 하지만 딱히 어떤 전공의 학자라고 분류하기 어렵다. 이 책을 보면 알 수 있듯이 그는 자기 자신에 대해 철학적 사유를 펼쳤다. 여기서 자기란 세상으로부터 동떨어진 것이 아니라 이미 세계와 역사 속에 자신의 유래와 미래를 가지는 복합적 존재다. 전후 독일의 문제, 현대 산업사회와 예술의 문제, 역사철학과 변신론의 문제가 바로 생 전체를 관통하는 그의 철학적 주제였다. 그 후 그는 생의 마지막 단계인 늙음을 경험하면서 이에 대한 철학적 사유를 이 책을 통해 보여 줬다. 그는 자기 자신만을 대상으로 철학적 사유를 감행하면서도 이를 매우 자유로운 방식으로 펼쳤다. 그는 소위 말하는 학문적인 논문 형식의 글을 전혀 쓰지 않았다. 이는 그의 무능이라기보다는 그의 자유로움 때문이다. 그는 매우 짧은 요약문이나 아니면 자유로운 에세이 형식의 글을 즐겨 썼다.

철학 책은 일반적으로 어렵고 딱딱한 것으로 알려져 있다. 나는 철학을 전공한 이로서 항상 마르크바르트의 글을 통해 치유를 얻었다. 그의 글 속에는 매우 논리적인 선명성도 존재하지만, 그것과 상관없이 매우 독특한 상상력의 번뜩임이 있다. 그의 상상력은 시나 소설에서 경험할 수 있는 차원을 뛰어넘는다. 그의 상상력은 치밀한 논리적인 외투를 입고 있으면서 자신만의 거대한 세계상을 우리에게 선명하게 보여 준다. 그래서 그의 글은 매우 매력적이다.

특히 이 책은 우리에게 이러한 매력뿐만 아니라 감동의 울림을 전해 준다. 그는 역사철학이나 변신론이라는 주제를 평생 동안 추적해 왔다. 결국 이를 통해 그는 자기 자신에 대한 철학적 사유를 펼친 셈이다. 하지만 이런 주제를 다루는 그의 글들은 마르크바르트라는 인물을 구체적인 방식으로 드러내지 않고 간접적으로만 알릴 뿐이다. 이와 달리 이 책은 마르크바르트라는 인물을 있는 그대로 그린다. 죽음을 목전에 두고 있는 철학자는 자기 자신의 늙어감과 늙음에 대해 철학적 사유를 펼친다. 그의 솔직한 자기 표현은 그 진정성의 측면에서 우리에게 감동의 울림을 전해 준다.

세상에는 수많은 철학 책이 있다. 하지만 과연 우리에게 감동의 울림을 줄 수 있는 책이 몇 권이나 있을까? 마르크바르트의 이 책은 내가 감동을 받은 유일한 철학 책이다. 그래서 선뜻 이 책을 번역하고 싶었다. 이러한 감동을 난 독자와 나누고 싶다.

이 책의 번역을 선뜻 출판해 주신 그린비 관계자분들께 감사드린다. 특히 그린비 편집부의 여러 분들께서 번역 과정 중에 큰 도움을 주셨다. 이 책을 번역하면서 만난 사람에게 깊은 감사의 인사를 표현하고 싶다. 늙음의 과정에 있는 내가 늙음이라는 주제에 대해 생각하면서 결국 살아가는 것이 늙어감이며, 이 늙어감이란 것은 그리 대단한 것도 아니지만 그렇다고 아무것도 아닌 것은 아님을 알게 되었다.

2018년 4월

옮긴이 조 창 오

찾아보기